简单的力量

以简驭繁的管理之道

The Power Of Simplicity

A Management Guide to Cutting through the Nonsense and Doing Things Right

[美] 杰克·特劳特（Jack Trout） 著
史蒂夫·里夫金（Steve Rivkin）

邓德隆 火华强 ◎译

图书在版编目（CIP）数据

简单的力量：以简驭繁的管理之道（经典重译版）/（美）杰克·特劳特（Jack Trout），（美）史蒂夫·里夫金（Steve Rivkin）著；邓德隆，火华强译 . —北京：机械工业出版社，2019.6（2023.11 重印）
（定位经典丛书）
书名原文：The Power of Simplicity: A Management Guide to Cutting through the Nonsense and Doing Things Right

ISBN 978-7-111-62783-8

I. 简… II. ①杰… ②史… ③邓… ④火… III. 企业经营管理 IV. F272.3

中国版本图书馆 CIP 数据核字（2019）第 097742 号

北京市版权局著作权合同登记　图字：01-2010-5162 号。

Jack Trout, Steve Rivkin. The Power of Simplicity: A Management Guide to Cutting through the Nonsense and Doing Things Right.
ISBN 978-0-07-137332-2

Original edition copyright © 1999 by The McGraw-Hill Companies, Inc.

All Rights reserved. No part of this publication may be reproduced or transmitted in any form or by any means, electronic or mechanical, including without limitation photocopying, recording, taping, or any database, information or retrieval system, without the prior written permission of the publisher.

This edition is authorized for sale in the Chinese mainland (excluding Hong Kong SAR, Macao SAR and Taiwan).

Simple Chinese translation edition copyright © 2019 China Machine Press. All rights reserved.

版权所有。未经出版人事先书面许可，对本出版物的任何部分不得以任何方式或途径复制传播，包括但不限于复印、录制、录音，或通过任何数据库、信息或可检索的系统。

此中文简体翻译版本经授权仅限在中国大陆地区（不包括香港、澳门特别行政区和台湾地区）销售。

翻译版权 © 2019 由机械工业出版社所有。

简单的力量：以简驭繁的管理之道（经典重译版）

出版发行：机械工业出版社（北京市西城区百万庄大街22号　邮政编码：100037）			
责任编辑：施琳琳		责任校对：李秋荣	
印　　刷：固安县铭成印刷有限公司		版　　次：2023 年 11 月第 1 版第 8 次印刷	
开　　本：170mm×242mm　1/16		印　　张：13.25	
书　　号：ISBN 978-7-111-62783-8		定　　价：69.00 元	

客服电话：（010）88361066　68326294

版权所有・侵权必究
封底无防伪标均为盗版

献 给

深受复杂世界所困

意识到简单之道存在的人

目录

致中国读者
总序
前言

第一部分 基本原理 /1

第1章 简单：为什么人们对它会深感不安 /2
第2章 常识：它能让事情变得简单 /9
第3章 复杂言辞：人的心智常被它遮蔽 /15

第二部分 管理问题 /23

第4章 信息：过度的信息令人困扰 /24
第5章 顾问：种种谬说的根源 /32
第6章 竞争对手：市场如战场，对手如敌军 /40
第7章 战略：一切为了差异化 /48
第8章 顾客导向：这是基本前提，不是差异化所在 /57
第9章 年度预算：简单的分配方式，最佳的资金回报 /66
第10章 价格：让你彻底了解价格的几条准则 /71

第三部分 领导问题 /81

第11章 使命宣言：只会带来无谓的混乱 /82

第 12 章	领导力：如何领导队伍前行	/88
第 13 章	远期规划：仅仅是一厢情愿	/97
第 14 章	组织：越简单越好	/104
第 15 章	营销：将简单概念转化为战略	/112
第 16 章	新概念：拿来主义最简单	/121
第 17 章	目标：听起来不错，做起来很难成功	/130
第 18 章	增长：可能有害企业	/135

第四部分　人的问题　　　　　　　　　　/145

第 19 章	激励：仅有努力，解决不了问题	/146
第 20 章	自我修炼：不过是皇帝的新装	/152
第 21 章	成功：在于骑上一匹好马	/163
第 22 章	批评家：坚持简单不容易	/170

第五部分　总结　　　　　　　　　　　　/173

第 23 章	大道至简：简单之力常在	/174

注释　　　　　　　　　　　　　　　　　　/184

致中国读者
THE POWER OF SIMPLICITY

中国正处在一个至关重要的十字路口。制造廉价产品已使中国有了很大的发展，但上升的劳动力成本、环境问题以及对创新的需求都意味着重要的不是制造更廉价的产品，而是更好地进行产品营销。只有这样，中国才能赚更多的钱，才能在员工收入、环境保护和其他方面进行更大的投入。这意味着中国需要更好地掌握如何在顾客和潜在顾客的心智中建立品牌与认知，如何应对国内及国际上无处不在的竞争。

这也正是我的许多书能够发挥作用的地方。它们都是关于如何通过在众多竞争者中实现差异化来定位自己的品牌；它们都是关于如何保持简单、如何运用常识以及如何寻求显而易见又强有力的概念。总的来讲，无论你想要销售什么，它们都会告诉你如何成为一个更好的营销者。

我的中国合伙人邓德隆先生正将其中的很多理论在中国加以运用，他甚至为企业家开设了"定位"培训课程。但是，中国如果要建立自己的品牌，正如你们在日本、韩国和世界其他地方所看到的那些品牌，你们依然有很长的路要走。

但有一件事很明了：继续"制造更廉价的产品"只会死路一条，因为其他国家会想办法把价格压得更低。

杰克·特劳特

总序

定位：第三次生产力革命

马克思的伟大贡献在于，他深刻地指出了，以生产工具为标志的生产力的发展，是社会存在的根本柱石，也是历史的第一推动力——大思想家李泽厚如是总结马克思的唯物史观。

第一次生产力革命：泰勒"科学管理"

从唯物史观看，赢得第二次世界大战（以下简称"二战"）胜利的关键历史人物并不是丘吉尔、罗斯福与斯大林，而是弗雷德里克·泰勒。泰勒的《科学管理原理》⊖掀起了人类工作史上的第一次生产力革命，大幅提升了体力工作者的生产力。在泰勒之前，人类的精密制造只能依赖于能工巧匠（通过师傅带

⊖ 本书中文版已由机械工业出版社出版。

徒弟的方式进行培养，且人数不多），泰勒通过将复杂的工艺解构为简单的零部件后再组装的方式，使得即便苏格拉底或者鲁班再世恐怕也未必能造出来的智能手机、电动汽车，现在连普通的农民工都可以大批量制造出来。"二战"期间，美国正是全面运用了泰勒"更聪明地工作"方法，使得美国体力工作者的生产力爆炸式提高，远超其他国家，美国一国产出的战争物资比其他所有参战国的总和还要多——这才是"二战"胜利的坚实基础。

欧洲和日本也正是从"二战"的经验与教训中，认识到泰勒工作方法的极端重要性。两者分别通过"马歇尔计划"和爱德华·戴明，引入了泰勒的作业方法，这才有了后来欧洲的复兴与日本的重新崛起。包括20世纪80年代崛起的"亚洲四小龙"，以及今日的"中国经济奇迹"，本质上都是将体力工作者的生产力大幅提升的结果。

泰勒的贡献不止于此，根据唯物史观，当社会存在的根本柱石——生产力得到发展后，整个社会的"上层建筑"也将得到相应的改观。在泰勒之前，工业革命造成了资产阶级与无产阶级这两大阶级的对峙。随着生产力的发展，体力工作者收入大幅增加，工作强度和时间大幅下降，社会地位上升，并且占据社会的主导地位。前者的"哑铃型社会"充满了斗争与仇恨，后者的"橄榄型社会"则相对稳定与和谐——体力工作者生产力的提升，彻底改变了社会的阶级结构，形成了我们所说的发达国家。

体力工作者工作强度降低,人类的平均寿命因此相应延长。加上工作时间的大幅缩短,这"多出来"的许多时间,主要转向了教育。教育时间的大幅延长,催生了一场更大的"上层建筑"的革命——资本主义的终结与知识社会的出现。1959年美国的人口统计显示,靠知识(而非体力)"谋生"的人口超过体力劳动者,成为劳动人口的主力军,这就是我们所说的知识社会。目前,体力工作者在美国恐怕只占10%左右了。知识社会的趋势从美国为代表的发达国家开始,向全世界推进。

第二次生产力革命:德鲁克"组织管理"

为了因应知识社会的来临,彼得·德鲁克创立了管理这门独立的学科(核心著作是《管理的实践》及《卓有成效的管理者》㊀),管理学科的系统建立与广泛传播大幅提升了组织的生产力,使社会能容纳如此巨大的知识群体,并让他们创造绩效成为可能,这是人类史上第二次"更聪明地工作"。

在现代社会之前,全世界最能吸纳知识工作者的国家是中国。中国自汉代以来的文官制度,在隋唐经过科举制定型后,为知识分子打通了从最底层通向上层的通道。这不但为社会注入了源源不断的活力,也为人类创造出了光辉灿烂的文化,是中国领先于世界的主要原因之一。在现代社会,美国每年毕业的大学生就高达百万以上,再加上许多在职员工通过培训与进

㊀ 这两本书中文版已由机械工业出版社出版。

修，从体力工作者转化为知识工作者的人数就更为庞大了。特别是"二战"后实施的《退伍军人权利法案》，几年间将"二战"后退伍的军人几乎全部转化成了知识工作者。如果没有高效的管理，整个社会将因无法消化这么巨大的知识群体而陷入危机。

通过管理提升组织的生产力，现代社会不但消化了大量的知识群体，甚至还创造出了大量的新增知识工作的需求。与体力工作者的生产力是以个体为单位来研究并予以提升不同，知识工作者的知识本身并不能实现产出，必须借助组织这个"生产单位"来利用他们的知识，才可能产出成果。正是管理学让组织这个生产单位创造出应有的巨大成果。

要衡量管理学的成就，我们可以将20世纪分为前后两个阶段来进行审视。20世纪前半叶是人类有史以来最血腥、最残暴、最惨无人道的半个世纪，短短50年的时间内居然发生了两次世界大战，最为专制独裁及大规模的种族灭绝都发生在这一时期。反观"二战"后的20世纪下半叶，直到2008年金融危机为止，人类享受了长达近60年的经济繁荣与社会稳定。虽然地区摩擦未断，但世界范围内的大战毕竟得以幸免。究其背后原因，正是通过恰当的管理，构成社会并承担了具体功能的各个组织，无论是企业、政府、医院、学校，还是其他非营利机构，都能有效地发挥应有的功能，同时让知识工作者获得成就和满足感，从而确保了社会的和谐与稳定。20世纪上半叶付出的代价，本质上而言是人类从农业社会转型为工业社会缺乏恰当的组织管理所引发的社会功能紊乱。20世纪下半叶，人类从工业社会转型为知识社会，虽然其剧变程度更烈，但是因为有了管理，乃至于平稳地被所有的历史学家忽略了。如果没有管理学，历史的经验告诉我们，20世纪下半叶，很有可能会像上半叶一样令我们这些身处其中的人不寒而栗。不同于之前的两次大战，现在我们已具备了足以多次毁灭整个人类的能力。

生产力的发展、社会基石的改变，照例引发了"上层建筑"的变迁。首先是所有制方面，资本家逐渐无足轻重了。在美国，社会的主要财富通过养老基金的方式被知识员工所持有。从财富总量上看，再大的企业家（如比尔·盖茨、巴菲特等巨富）与知识员工持有的财富比较起来，也只是沧海一粟而已。更重要的是，社会的关键资源不再是资本，而是知识。社会的代表人物也不再是资本家，而是知识精英或各类顶级专才。整个社会开始转型为"后资本主义社会"。社会不再由政府或国家的单一组织治理或统治，而是走向由知识组织实现自治的多元化、多中心化。政府只是众多大型组织之一，而且政府中越来越多的社会功能还在不断外包给各个独立自治的社会组织。如此众多的社会组织，几乎为每个人打开了"从底层通向上层"的通道，意味着每个人都可以通过获得知识而走向成功。当然，这同时也意味着不但在同一知识或特长领域中竞争将空前激烈，而且在不同知识领域之间也充满着相互争辉、相互替代的竞争。

正如泰勒的成就催生了一个知识型社会，德鲁克的成就则催生了一个竞争型社会。对于任何一个社会任务或需求，你都可以看到一大群管理良好的组织在全球展开争夺。不同需求之间还可以互相替代，一个产业的革命往往来自另一个产业的跨界打劫。这又是一次史无前例的社会巨变！人类自走出动物界以来，上百万年一直处于"稀缺经济"的生存状态中。然而，在短短的几十年里，由于管理的巨大成就，人类居然可以像儿童置身于糖果店中一般置身于"过剩经济"的"幸福"状态中。然而，这却给每家具体的企业带来了空前的生存压力，如何从激烈的竞争中存活下去。人们呼唤第三次生产力革命的到来。

第三次生产力革命：特劳特"定位"

对于企业界来说，前两次生产力革命，分别通过提高体力工作者和知识工作者的生产力，大幅提高了企业内部的效率，使得企业可以更好更快地满足顾客需求。这两次生产力革命的巨大成功警示企业界，接下来他们即将面临的最重大的挑战，将从管理企业的内部转向管理企业的外部，也就是顾客。德鲁克说，"企业存在的唯一目的是创造顾客"，而特劳特定位理论，将为企业创造顾客提供一种新的强大的生产工具。

竞争重心的转移

在科学管理时代，价值的创造主要在于多快好省地制造产品，因此竞争的重心在工厂，工厂同时也是经济链中的权力中心，生产什么、生产多少、定价多少都由工厂说了算，销售商与顾客的意愿无足轻重。福特的名言是这一时代权力掌握者的最好写照——你可以要任何颜色的汽车，只要它是黑色的。在组织管理时代，价值的创造主要在于更好地满足顾客需求，相应地，竞争的重心由工厂转移到了市场，竞争重心的转移必然导致经济权力的同步转移，离顾客更近的渠道商就成了经济链中的权力掌握者。互联网企业家巨大的影响力并不在于他们的财富之多，而在于他们与世界上最大的消费者群体最近。而现在，新时代的竞争重心已由市场转移至心智，经济权力也就由渠道继续前移，转移至顾客，谁能获取顾客心智的力量，谁就能摆脱渠道商的控制而握有经济链中的主导权力。在心智时代，顾客选择的力量掌握了任何一家企业、任何渠道的生杀大权。价值的创造，一方面来自企业因为有了精准定位而能够更加高效地使用社会资源，另一方面来自顾客交易成本的大幅下降。

选择的暴力

杰克·特劳特在《什么是战略》⊖开篇中描述说："最近几十年里，商业发生了巨变，几乎每个品类可选择的产品数量都有了出人意料的增长。例如，在20世纪50年代的美国，买

⊖ 本书中文版已由机械工业出版社出版。

小汽车就是在通用、福特、克莱斯勒或美国汽车这四家企业生产的车型中挑选。今天，你要在通用、福特、克莱斯勒、丰田、本田、大众、日产、菲亚特、三菱、雷诺、铃木、宝马、奔驰、现代、大宇、马自达、五十铃、起亚、沃尔沃等约300种车型中挑选。"甚至整个汽车品类都将面临高铁、短途飞机等新一代跨界替代的竞争压力。汽车业的情形，在其他各行各业中都在发生。移动互联网的发展，更是让全世界的商品和服务来到我们面前。如何对抗选择的暴力，从竞争中胜出，赢得顾客的选择而获取成长的动力，就成了组织生存的前提。

这种"选择的暴力"，只是展示了竞争残酷性的一个方面。另一方面，知识社会带来的信息爆炸，使得本来极其有限的顾客心智更加拥挤不堪。根据哈佛大学心理学博士米勒的研究，顾客心智中最多也只能为每个品类留下七个品牌空间。而特劳特先生进一步发现，随着竞争的加剧，最终连七个品牌也容纳不下，只能给两个品牌留下心智空间，这就是定位理论中著名的"二元法则"。在移动互联网时代，特劳特先生强调"二元法则"还将演进为"只有第一，没有第二"的律则。任何在顾客心智中没有占据一个独一无二位置的企业，无论其规模多么庞大，终将被选择的暴力摧毁。这才是推动全球市场不断掀起并购浪潮的根本力量，而不是人们通常误以为的是资本在背后推动，资本只是被迫顺应顾客心智的力量。特劳特先生预言，与未来几十年相比，我们今天所处的竞争环境仍像茶话会一般轻松，竞争重心转移到心智将给组织社会带来空前的紧张与危机，因为组织存在的目的，不在于组织本身，而在于组织之外的社会成果。当组织的成果因未纳入顾客选择而变得没有意义甚至消失时，组织也就失去了存在的理由与动力。这远不只是黑格尔提出的因"历史终结"带来的精神世界的无意义，而是如开篇所引马克思的唯物史观所揭示的，关乎社会存在的根本柱石发生了动摇。

走进任何一家超市，或者打开任何一个购物网站，你都可以看见货架上躺着的大多数商品，都是因为对成果的定位不当而成为没有获得心智选择力量的、平庸的、同质化的产品。由此反推，这些平庸甚至是奄奄一息的产品背后的企业，及在这些企业中工作的人们，他们的生存状态是多么地令人担忧，这可能成为下一个社会急剧动荡的根源。

吊诡的是，从大数据到人工智能等科技创新不但没能缓解这一问题，反而加剧了这种动荡。原因很简单，新科技的运用进一步提升了组织内部的效率，而组织现在面临的挑战主要不在内部，而是外部的失序与拥挤。和过去的精益生产、全面质量管理、流程再造等管理工具一样，这种提高企业内部效率的"军备竞赛"此消彼长，没有尽头。如果不能精准定位，企业内部效率提高再多，也未必能创造出外部的顾客。

新生产工具：定位

在此背景下，为组织准确定义成果、化"选择暴力"为"选择动力"的新生产工具——定位（positioning），在1969

年被杰克·特劳特发现,通过大幅提升企业创造顾客的能力,引发第三次生产力革命。在谈到为何采用"定位"一词来命名这一新工具时,特劳特先生说:"《韦氏词典》对战略的定义是针对敌人(竞争对手)确立最具优势的位置(position)。这正好是定位要做的工作。"在顾客心智(组织外部)中针对竞争对手确定最具优势的位置,从而使企业胜出竞争赢得优先选择,为企业源源不断地创造顾客,这是企业需全力以赴实现的成果,也是企业赖以存在的根本理由。特劳特先生的核心著作是《定位》㊀《商战》㊁和《什么是战略》㊂,我推荐读者从这三本著作开始学习定位。

定位引领战略

1964年,德鲁克出版了《为成果而管理》㊂一书,二十年后他回忆说,其实这本书的原名是《商业战略》,但是出版社认为,商界人士并不关心战略,所以说服他改了书名。这就是当时全球管理界的真实状况。然而,随着前两次生产力革命发挥出巨大效用,产能过剩、竞争空前加剧的形势,迫使学术界和企业界开始研究和重视战略。一时间,战略成为显学,百花齐放,亨利·明次伯格甚至总结出了战略学的十大流派,许多大企业也建立了自己的战略部门。战略领域的权威、哈佛商学院迈克尔·波特教授总结了几十年来的研究成果,清晰地给出了一个明确并且被企业界和学术界最广泛接受的定义:"战

㊀㊁㊂ 这三本书中文版已由机械工业出版社出版。

略,就是创造一种独特、有利的定位。""最高管理层的核心任务是制定战略:界定并宣传公司独特的定位,进行战略取舍,在各项运营活动之间建立配称关系。"波特同时指出了之前战略界众说纷纭的原因,在于人们未能分清"运营效益"和"战略"的区别。提高运营效益,意味着比竞争对手做得更好;而战略意味着做到不同,创造与众不同的差异化价值。提高运营效益是一场没有尽头的军备竞赛,可以模仿追赶,只能带来短暂的竞争优势;而战略则无法模仿,可以创造持续的长期竞争优势。

定位引领运营

企业有了明确的定位以后,几乎可以立刻识别出企业的哪些运营动作加强了企业的战略,哪些运营动作没有加强企业的战略,甚至和战略背道而驰,从而做到有取有舍,集中炮火对着同一个城墙口冲锋,"不在非战略机会点上消耗战略竞争力量"(任正非语)。举凡创新、研发、设计、制造、产品、渠道、供应链、营销、投资、顾客体验、人力资源等,企业所有的运营动作都必须能够加强而不是削弱定位。

比如美国西南航空公司,定位明确之后,上下同心,围绕定位建立了环环相扣、彼此加强的运营系统:不提供餐饮、不指定座位、无行李转运、不和其他航空公司联程转机、只提供中等规模城市和二级机场之间的短程点对点航线、单一波音737组成的标准化机队、频繁可靠的班次、15分钟泊机周转、精简高效士气高昂的员工、较高的薪酬、灵活的工会合同、员工持股计划等，这些运营动作组合在一起，夯实了战略定位，让西南航空能够在提供超低票价的同时还能为股东创造丰厚利润，使得西南航空成为一家在战略上与众不同的航空公司。

所有组织和个人都需要定位

定位与管理一样，不仅适用于企业，还适用于政府、医院、学校等各类组织，以及城市和国家这样的超大型组织。例如岛国格林纳达，通过从"盛产香料的小岛"重新定位为"加勒比海的原貌"，从一个平淡无奇的小岛变成了旅游胜地；新西兰从"澳大利亚旁边的一个小国"重新定位成"世界上最美丽的两个岛屿"；比利时从"去欧洲旅游的中转站"重新定位成"美丽的比利时，有五个阿姆斯特丹"等。目前，有些城市和景区因定位不当而导致生产力低下，出现了同质化现象，破坏独特文化价值的事时有发生……同样，我们每个人在社会中也一样面临竞争，所以也需要找到自己的独特定位。个人如何创建定位，详见"定位经典丛书"之《人生定位》⊖，它会教你在竞争中赢得雇主、上司、伙伴、心上人的优先选择。

定位客观存在

事实上，已不存在要不要定位的问题，而是要么你是在正确、精准地定位，要么你是在错误地定位，从而根据错误的定

⊖ 本书中文版已由机械工业出版社出版。

位配置企业资源。这一点与管理学刚兴起时,管理者并不知道自己的工作就是做管理非常类似。由于对定位功能客观存在缺乏"觉悟",即缺乏自觉意识,企业常常在不自觉中破坏已有的成功定位,挥刀自戕的现象屡屡发生、层出不穷。当一个品牌破坏了已有的定位,或者企业运营没有遵循顾客心智中的定位来配置资源,不但造成顾客不接受新投入,反而会浪费企业巨大的资产,甚至使企业毁灭。读者可以从"定位经典丛书"中看到诸如 AT&T、DEC、通用汽车、米勒啤酒、施乐等案例,它们曾盛极一时,却因违背顾客心智中的定位而由盛转衰,成为惨痛教训。

创造"心智资源"

企业最有价值的资源是什么?这个问题的答案是一直在变化的。100 年前,可能是土地、资本;40 年前,可能是人力资源、知识资源。现在,这些组织内部资源的重要性并没有消失,但其决定性的地位都要让位于组织外部的心智资源(占据一个定位)。没有心智资源的牵引,其他所有资源都只是成本。企业经营中最重大的战略决策就是要将所有资源集中起来抢占一个定位,使品牌成为顾客心智中定位的代名词,企业因此才能获得来自顾客心智中的选择力量。所以,这个代名词才是企业生生不息的大油田、大资源,借用德鲁克的用语,即开启了"心智力量战略"(mind power strategy)。股神巴菲特之所以几十年都持有可口可乐的股票,是因为可口可乐这个品牌本身的价值，可口可乐就是可乐的代名词。有人问巴菲特为什么一反"不碰高科技股"的原则而购买苹果的股票，巴菲特回答说，在我的孙子辈及其朋友的心智中，iPhone 的品牌已经是智能手机的代名词，我看重的不是市场份额，而是心智份额（大意，非原语）。对于巴菲特这样的长期投资者而言，企业强大的心智资源才是最重要的内在价值及"深深的护城河"。

衡量企业经营决定性绩效的方式也从传统的财务盈利与否，转向为占有心智资源（定位）与否。这也解释了为何互联网企业即使不盈利也能不断获得大笔投资，因为占有心智资源（定位）本身就是最大的成果。历史上，新生产工具的诞生，同时会导致新生产方式的产生，这种直取心智资源（定位）而不顾盈利的生产方式，是由新的生产工具带来的。这不只发生在互联网高科技产业，实践证明传统行业也完全适用。随着第三次生产力革命的深入，其他产业与非营利组织将全面沿用这一新的生产方式——第三次"更聪明地工作"。

伟大的愿景：从第三次生产力革命到第二次文艺复兴

第三次生产力革命将会对人类社会的"上层建筑"产生何种积极的影响，现在谈论显然为时尚早，也远非本文、本人能力所及。但对于正大步迈入现代化、全球化的中国而言，展望未来，其意义非同一般。我们毕竟错过了前面两次生产力爆炸的最佳时机，两次与巨大历史机遇擦肩而过（万幸的是，改革开放让中国赶上了这两次生产力浪潮的尾声），而第三次生产力浪潮中国却是与全球同步。甚至，种种迹象显示：中国很可能正走在第三次生产力浪潮的前头。继续保持并发展这一良好势头，中国大有希望。李泽厚先生在他的《文明的调停者——全球化进程中的中国文化定位》一文中写道：

注重现实生活、历史经验的中国深层文化特色，在缓和、解决全球化过程中的种种困难和问题，在调停执着于一神教义的各宗教、文化的对抗和冲突中，也许能起到某种积极作用。所以我曾说，与亨廷顿所说相反，中国文明也许能担任基督教文明与伊斯兰教文明冲突中的调停者。当然，这要到未来中国文化的物质力量有了巨大成长之后。

随着生产力的发展，中国物质力量的强大，中国将可能成为人类文明冲突的调停者。李泽厚先生还说：

中国将可能引发人类的第二次文艺复兴。第一次文艺复兴，是回到古希腊传统，其成果是将人从神的统治下解放出来，充分肯定人的感性存在。第二次文艺复兴将回到以孔子、庄子为核心的中国古典传统，其成果是将人从机器的统治下（物质机器与社会机器）解放出来，使人获得丰足的人性与温暖的人情。这也需要中国的生产力足够发展，经济力量足够强大才可能。

历史充满了偶然，历史的前进更往往是在悲剧中前行。李泽厚先生曾提出一个深刻的历史哲学：历史与伦理的二律背反。尽管历史与伦理二者都具价值，二者却总是矛盾背反、冲突不断，一方的前进总要以另一方的倒退为代价，特别是在历史的转型期更是如此。正是两次世界大战付出了惨重的伦理道德沦陷的巨大代价，才使人类发现了泰勒生产方式推动历史前进的巨大价值而对其全面采用。我们是否还会重演历史，只有付出巨大的代价与牺牲之后才能真正重视、了解定位的强大功用，从而引发第三次生产力革命的大爆发呢？德鲁克先生的实践证明，只要知识阶层肩负起对社会的担当、责任，我们完全可以避免世界大战的再次发生。在取得这一辉煌的管理成就之后，现在再次需要知识分子承担起应尽的责任，将目光与努力从组织内部转向组织外部，在顾客心智中确立定位，引领组织内部所有资源实现高效配置，为组织源源不断创造顾客。

现代化给人类创造了空前的生产力，也制造了与之偕来的种种问题。在超大型组织巨大的能力面前，每一家小企业、每一个渺小的个人，将如何安放自己，找到存在的家园？幸运的是，去中心化、分布式系统、网络社群等创新表明，人类似乎又一次为自己找到了进化的方向。在秦制统一大帝国之前，中华文明以血缘、家族为纽带的氏族部落体制曾经发展得非常充分，每个氏族有自己独特的观念体系："民为贵""以义合""合则留，不合则去"等。不妨大胆地想象，也许未来的社会，将在先进生产力的加持下，呈现为一种新的"氏族社会"，每个人、每个组织都有自己独特的定位，以各自的专长、兴趣和禀赋为纽带，逐群而居，"甘其食，美其服，安其居，乐其俗"，从而"各美其美，美人之美，美美与共，天下大同"。人类历史几千年的同质性、普遍性、必然性逐渐终结，每个个体的偶发性、差异性、独特性日趋重要，如李泽厚先生所言："个体积淀的差异性将成为未来世界的主题，这也许是乐观的人类的未来，即万紫千红百花齐放的个体独特性、差异性的全面实现。"在这个过程中，企业也将打破千篇一律的现状，成为千姿百态生活的创造者，生产力必然又一次飞跃。

  人是目的，不是手段。这种丰富多彩、每个个体实现自己独特创造性的未来才是值得追求的。从第三次生产力革命到第二次文艺复兴，为中国的知识分子提供了一个创造人类新历史的伟大愿景。噫嘻！高山仰止，景行行止，壮哉伟哉，心向往之……

邓德隆

特劳特伙伴公司全球总裁

写于 2011 年 7 月

改于 2021 年 11 月

前言

几年前,约翰·斯卡利(John Sculley)还是苹果公司的总裁,他在演讲中提到过一个富有洞察力的观点:"我们在工业时代所学习到的一切,都趋向于制造更多的复杂。我想越来越多的人正意识到,我们必须力求简单而不是复杂。简单是终极之道。"

不幸的是,斯卡利自己并没有对此足够重视,他把个人声誉押在了一个过于复杂的产品上。这个产品叫牛顿(Newton),被称为"个人数字助理",它一点都不简单。最终产品失败,斯卡利被解雇。

但斯卡利先生确实说中了。迅猛发展的科技、快速的传播、复杂的全球经济,以及越来越快发展的商业,已经形成一个足以遮蔽人们心智的环境。

难怪众多公司纷纷向各类咨询机构寻求帮助,以求厘清思路。许多管理者重返校园,或加入自助群体,希望得到如何成功的启发。要赚他们钱的人,可真不少。

其实，商业并没有那么复杂，只是人们将它复杂化了。面对复杂的方法就是简化，正如斯卡利先生所说，未来属于能简化思考的人。

为弄清这个问题，我们回溯了人们认为还相对简单的时代。但我们很快发现，那些著名的思想家，其实数十年来一直在倡导简单的重要性（本书将多处引用他们的原话）。也就是说，复杂化的问题似乎一直存在，它是我们人类存在的一部分。

笔者深深感到，是时候对不断趋于复杂化的商业做一次回归简单的审视了。这些基本的商业行为被无休止地谈论、著述与商讨，令人痛苦，但往往只是弄得一团糟。

本书谈及的内容，既包含了像领导力和组织这样的大课题，也包含了定价和营销这样的日常问题。每一方面的论述，都会尽力把握好正确行事的简单本质。

笔者保证，阅读本书，你一定会在某处获得启发，从而让生活变得简单，让企业变得高效。

杰克·特劳特

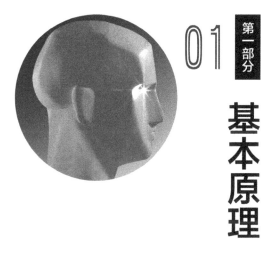

第一部分 01
基本原理

虽然某些人在担心简单,但你可以开始以简单的方式思考和说话。

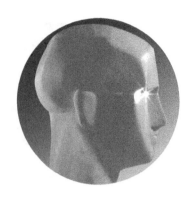

第1章

简单
为什么人们对它会深感不安

> 简单的西蒙遇到一个正要去集市卖馅饼的人。
> 简单的西蒙跟卖馅饼的人说,
> 让我看看你锅里的饼。
> 卖馅饼的人对简单的西蒙说,
> 让我先看看你兜里的钱。
> 简单的西蒙对卖馅饼的人说,
> 哦哦,的确,我一分钱也没有。
>
> ——《鹅妈妈童谣》㊀

一直以来,被人称为"简单"都不是正面的评价。事实上,被人说成"头脑简单"或"头脑简单的人",其意义是完全负面的,它意味着一个人蠢笨、易骗或者低能。于是难免,人们常担心自己会显得简单。

我们将其称为"简单的西蒙"的魔咒。

当心理学家被问及人们为何有这类担心时,他们搞得有些复杂了(这并不奇怪)。耶鲁大学人类关系学院的心理学家约翰·科勒德(John Collard)描述了常人共有的7种担心(每个人多少会有一些)。

1. 对失败的担心;
2. 对性能力的担心;

㊀ 《鹅妈妈童谣》(*Mother Goose*)是一部英国民间童谣集。这些民间童谣在英国流传时间相当久,有的长达数百年。——译者注

3. 对自卫能力的担心；

4. 对相信别人的担心；

5. 对思考不周的担心；

6. 对发表言论的担心；

7. 对孤身独处的担心。

看起来，人们避免简单行事，或者不满足于简单的解决方案，是源于第 5 项：对思考不周的担心。

问题是，我们并没有自己去加强思考，而是转去依赖别人的思考，期望有更好的答案（这就是 2000 年全球管理咨询业务预期增至 1140 亿美元的原因㊀）。

科勒德博士说："要思考周全是件困难的事情，同时很多人压根儿就畏惧思考。他们温顺、服从并容易听从他人提出的建议，因为这样他们就不用自己去思考了。对于脑力劳动者，他们变得依赖他人，碰到困难时就只会寻找保护伞。"

这种对思考不周的担心，正在对新闻业产生巨大的冲击。有人甚至怀疑新闻业是否还有未来。

专栏作家理查德·里夫斯（Richard Reeves）认为"新闻的末日"已经临近。关于现代生活快速变化的新闻像雪崩一样涌来，人们完全处理不了，无法周全思考，只能逃避。读者"不想要内容复杂的信息和令人错乱的情节，来提醒自己

㊀ 本书英文原版出版于 1999 年，书中提及的时间均以此为基准年度。——译者注

的挫败感和无力感"。

里夫斯关于人们对复杂越来越逃避的观点，大概是对的。人们已经不想思考。

这就是简单具有力量的原因。将复杂的问题尽可能简化，可以让人们无须太多思考，就能容易地做出决定。在复杂的辛普森（O. J. Simpson）案件中，约翰尼·科克伦（Johnnie Cochran）将他的辩词精辟地概括为一句令人印象深刻的话："如果手套不合适，必须宣判无罪。"⊖

"把丑闻弄复杂，就能逃脱罪责。"演讲稿撰写人佩姬·努南（Peggy Noonan）在谈及白水事件（Whitewater Scandal）⊜时说。不像水门事件（Watergate Scandal）⊜，白水事件的来龙去脉很难让人弄明白。

心理学家卡罗尔·穆格（Carol Moog）博士有另一种解释。她谈到，美国文化中有一种"遗漏偏执"，人们会强迫自己去考虑所有的可能性，因为危险无处不在，你不能有丝毫错漏，否则就可能危及你的职业生涯。

⊖ 1994年，美国著名橄榄球星辛普森被控谋杀前妻及其男友，警探搜出大量不利于辛普森的证据，其中之一是在辛普森家中发现带血的手套，血型是被害人的。控辩双方唇枪舌战460天，最终经陪审团裁定，辛普森无罪释放。——译者注

⊜ 白水事件，又称白水门事件，美国著名政治丑闻，与克林顿夫妇投资白水开发公司有关，调查中又牵涉进莱温斯基事件。2000年9月20日，独立检察官罗伯特·雷（Robert Ray）宣布结束对白水案的调查，认定克林顿夫妇无罪。——译者注

⊜ 水门事件，美国著名政治丑闻。1972年6月17日，尼克松竞选班子的5个人潜入位于华盛顿水门大厦的民主党全国委员会办公室安装窃听器，当场被捕。尼克松因此事于1974年8月8日辞职。——译者注

换句话说，如果你只有一个想法，而那个想法失败了，你就彻底完蛋了。由于人们都格外渴望成功，第一种担心——"对失败的担心"就被放大了。

只有一个简单的想法，会让人觉得缺乏保障。多个想法则可以对冲风险，令人心安。

我们通常接受的教育和大多数管理培训，都在教人如何把握每个变量，找出每个应对选项，并从每个角度进行分析，这导致令人疯狂的复杂。我们当中最聪明的人，则制造出最复杂的解决方案，提出最复杂的建议。

不幸的是，当人们开始寻找各种不同的方案时，他们就踏上了混乱之路。不同的想法导致不同的结果，令人无所适从。"简单"要求人们精简选项，回到一条正确的道路上来。

穆格博士对各种流行术语也有一番有趣的观察。在她看来，一个流行的管理术语就像一个电影明星，会得到太多人的追捧。

流行术语初来乍到，就登上精致的书面封套，到处受到鼓吹，俨然是新生代明星。人们是否理解这个"明星"并不重要，因为大家已经着迷。同时，人们也不敢公开质疑大人物，或者去挑战那些被认为伟大的想法（这就是"对发表言论的担心"）。

要避开这些天生的担心，方法就是聚焦在问题本身上。这和芭蕾舞演员在脚尖旋转时避免眩晕的方法相似，诀窍就是每次头转回来，都盯住观众席上的同一个人。

当然，你必须辨识出需要聚焦的正确问题。

如果是沃尔沃汽车，那么需要聚焦的问题就是：当竞争对手试图进攻和抢走你的"安全"概念时，你如何在"安全"上保持住领导地位。

这是显而易见的例子。

但有时问题并不那么明显可见。近年来，在营销方面全球领先的宝洁公司就面临这种情况。你可能认为，它的问题是找到更好的方法，以销售更多的产品。

不过新管理层认识到了真正的问题：全球消费者需要31种海飞丝洗发水吗？或者需要52种佳洁士牙膏吗？正如宝洁公司总裁迪克·雅格（Durk Jager）在《商业周刊》杂志[1]上说的："难以置信，多年来我们为消费者的选择制造了这么大的障碍。"

文章说，他和CEO约翰·白波（John Pepper）认识到，宝洁公司几十年来不断推出这样那样的产品，诸如全新改良、柠檬清新、超大瓶等，它销售的产品种类实在是太多了。

问题的解决方法其实很简单，虽然执行的过程并不轻松。公司采用标准化配方精简产品，减少复杂的折扣和优惠券。27种促销不见了，这些促销包括各种赠品装和稀奇古怪的招数，比如买斯潘（Spic & Span）清洁剂赠送金鱼（许多金鱼在冬天运输中冻死了）。宝洁公司还清理了边缘品牌，削减了产品线,并减少了新品投放。

那么,产品种类少了,销量随之下降了吗?没有。仅就护发品而言,精简了一半产品后,公司的市场份额增长了5%。

我们在宝洁公司的朋友肯定不用为"简单"而担心。在过去5年里,他们运用"简单",让业务增长了1/3。

这就是简单的力量。

小　结

复杂不该被欣赏,而该被避免。

第 2 章

常识
它能让事情变得简单

> 你必须借助语言、
> 逻辑和简单常识，
> 来界定核心问题，
> 厘清可行方向。
>
> ——亚伯拉罕·林肯

为简单而担心的真正解药是常识。不幸的是，人们往往在上班时把常识丢在了停车场。

正如麦吉尔大学（McGill University）管理学教授亨利·明茨伯格所说："管理真是件奇事，它回报丰厚，影响巨大，却严重缺乏常识。"[2]

常识是凡人皆有的智慧，是一个社会群体所公认的显而易见的真理。

简单的想法通常有显而易见的特点，因为它就是真理。但是人们不信任自己的直觉。他们认为，一定有一个潜藏的、更复杂的答案。错了！对自己来说显而易见的东西，对别人来说也一样。显而易见的答案通常在市场上奏效，这就是原因。

流行术语大师的秘诀，就是基于一个简单、显而易见的概念，把它复杂化。《时代》杂志对史蒂芬·柯维（Stephen Covey）一本书的评论，关注到了这个现象：

> 他的天才之处，是把显而易见的东西复杂化，

因此他的著作布满混乱的图表。各种图表充斥页面，边栏和专栏把章节切成碎片，行话术语满天飞——授权、建模、绑定、变革代理人，抽掉这些，他的书就像泄了气的轮胎。他用了很多感叹号，堪比显摆的女孩。[3]

查一下字典对"常识"的定义，你会发现，它是不受情感和智力因素影响的自然而有的良好判断，也无须依靠特殊的技术知识。

换句话说，你看到的是事物的真实面貌。你只要遵循客观逻辑的指引，决策时把个人情绪和喜好放一边就好了。就是这么简单。

在第 1 章中，宝洁公司新管理层看到了超市里的真实面貌：混乱。清晰的认识让管理层采取了简单的、常识性的战略：精简产品。

设想一下，你随机问 10 个人，如果凯迪拉克外形设计得像雪佛兰，会卖得怎么样？他们几乎都会说："不会很好。"

这些人的判断是基于常识做出的。他们没有数据或研究来支持自己的结论，也没有专业知识和分析技巧。对他们来说，凯迪拉克是大型豪华型汽车，雪佛兰是小型经济型汽车。他们看到的，是事物的真实面貌。

但是在通用汽车，管理层只看到了他们想看到的，而不是事实的真实面貌。于是常识被忽略，外形像雪弗兰的凯迪拉克西马龙诞生了。毫不奇怪,它卖得不是很好(这样说已经很委婉了)。

通用汽车吸取教训了吗?看来没有。它现在重蹈覆辙,推出了凯帝,另一款看起来像雪佛兰的凯迪拉克。像它的前辈一样,它应该不会卖得很好,因为它不符合常识。你知道,我知道,但通用汽车不想知道。

达·芬奇把人的大脑看作一个从眼、耳等感觉器官收集素材的实验室,而这些素材要通过常识器官来传递。换句话说,常识是一种承载我们其他感觉的超感觉。许多商界人士,都拒绝相信这种超感觉。

也许应该修正这种说法。不仅商界忽视简单的常识,你可以想到,在经济学家的复杂世界里,他们每天都在努力工作,试图超越简单的常识。

经济学家最享受的莫过于告诫外行人,常识感受是错的。他们常忽视人类的实际状况,宣称人总是追求"效用最大化"。在经济学的术语中,我们成为"利己主义计算者"。在经济学家看来,如果有足够的信息,我们都将做出理性的决策。

有过营销经验的人都知道,人有时候是相当不理性的。现在,为非公路驾驶而设计的四轮驱动越野车正流行,有多少人在非公路驾驶?不到10%。人们真的需要这些汽车吗?并不需要。那他们为什么买呢?因为别人都在买。这"理性"吗?

这个世界不能套入数学公式来表达，它太不理性，这是它的存在方式。

再来说说分析技巧。

一家公司若相信严密的调研和论证，以之预测世界的走向，并将此作为决策依据，往往就会犯错（没人知道未来，但很多人在让人们相信他们知道未来）。这些观点被精心炮制，而且经常混杂着一些伪装成事实的错误假设。

比如，许多年前，施乐公司相信未来办公室的每一样东西——电话、计算机和复印机，将成为一个集成系统（糟糕的预测），要在这个行业里生存下去，就必须提供所有这些产品。由此施乐公司需要收购或者自己制造计算机和其他非复印设备，以赶上即将到来的办公自动化潮流。

施乐公司被告知它可以这样做，因为人们把它视作一家技术精湛的高科技公司（这是一个错误假设，人们把施乐公司看作一家复印机公司）。

20年后，投入已达几十亿美元，施乐公司才意识到未来的办公室仍然在遥远的未来，任何不能复印的施乐机器都陷入了困境。这是一个惨痛的教训，专业知识和分析技巧压倒了良好判断力。

最后，对淹没常识的商学院教育，谈谈我们的看法。

学生在完成第一年学业时，就极好地掌握了那些能表明自己是未来 MBA 的术语。他们对术语烂熟于胸，如"风险/回报比率""现金流折现""拉升""期望价值"，等等。

不久,这些行话就淹没了批判性思维和常识。学生显得思想高深了,其实空有其表。

罗斯·佩罗特(Ross Perot)在参观哈佛商学院时说:"你们的问题是,你们所说的'环境扫描',我把它叫作朝窗外看了看。"

想用简单、常识性的说辞思考,须遵循以下原则:

1. **放下自我**。良好的判断基于客观现实,自我意识越强,离现实就越远。

2. **避免一厢情愿**。每人都会想象事情会如何发展,但它的发展常在我们控制之外,良好的常识往往与事情发展的方向一致。

3. **善于倾听**。根据定义,常识以他人的想法为基础,它是许多人共有的想法,不倾听他人就得不到常识。

4. **保持警惕**。事物有时看起来与实际情况相反,这种情况经常发生,因为总有人在以自己的想法行事。良好的常识基于许多人的经验,而不是某些人的一厢情愿。

小 结

相信常识,它会告诉你答案。

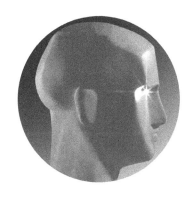

第 3 章

复杂言辞
人的心智常被它遮蔽

> 我注意到你使用朴实且
> 简单的语言、
> 简短的词语、
> 简明的句子。
> 这是英文写作的正确方式，
> 也是现代化的、
> 最好的方式，
> 继续保持！
>
> ——马克·吐温
> 摘自给一位年轻朋友的信

莎士比亚在写《哈姆雷特》时，有2万个词汇可用。林肯在一个信封背面草拟《葛底斯堡演说》（*Gettysburg Address*）时，有11.4万个词汇供他选择。今天，《韦氏词典》里收录有超过60万个词汇。汤姆·克兰西（Tom Clancy）[1]在他最近的千页小说中，几乎将所有的词汇都用了个遍。

语言变得越来越复杂，因此，人们不得不与使用新词、冷词的倾向做斗争。

如果一些熟知的谚语，用复杂句式和花哨词语来写会怎么样？这里有一些把简单概念复杂化的例子：

---

[1] 汤姆·克兰西（1947—2013），美国军事作家，以写作反恐惊悚小说著名。——译者注

- 美丽所具有的深度仅停留于皮肤层面（**美貌不过一张皮**）。
- 向一只退休的犬科动物灌输创新性的技巧是无效的（**老狗难学新花样**）。
- 含碳物质产生可见汽化物是即将发生快速燃烧的预兆（**冒烟的地方要着火**）。
- 滚动的石质聚合物不会积聚小型绿色苔藓类植物（**滚动的石头不长苔**）。

这样明白了吧？好的写作和演讲不能让人困惑，必须清晰易懂，而且越短越好。

电视记者比尔·莫耶斯（Bill Moyers）对如何写作有这样的建议："清空你语言行囊里的形容词、副词和分句，它们会阻碍你的步伐。保持轻装前行。记住，英语中最令人深刻的句子也是最短的，比如'国王死了'和'耶稣哭了'。"

如果这些新言辞还嫌不够乱的话，商业人士正忙着发明他们自己的语言。我们可以看看这段直接引自某位未来学家和管理大师的话："管理者开始认识到变革模式的多样性。一种我称之为'范式增强'，指的是全面质量管理和持续改善；另一种是根本性的变革，或者叫范式转移型变革，它与你面临的其他任何类型变革都完全不同。"

据《财富》[4]杂志报道，有一家位于马萨诸塞州列克星敦市名为"更佳沟通"（Better Communications）的培训机构，专门为职员培训写作技巧。这家公司将那些《财富》500强企业里流行的管理人员用语粘贴在墙上，称之为"来自地狱的备忘录"。

- 高层领导坐在直升机上看问题（**老板看得更长远**）。
- 附加价值是利润曲线指数型增长的关键（**让我们更好地满足顾客需求以提高销量和利润**）。
- 我们需要掌握好管理的主动性（**我们要做计划**）。
- 我们运用了跨职能专家协作平台（**不同部门一起交流**）。
- 不要紧缩员工奖励计划（**别拿大家的钱乱花**）。
- 你的工作，至今为止，被指定为"保留"（**你还没被解雇**）。

商业人士为何这样玄秘地谈论诸如核心竞争力（我们的长处）、授权（委托别人）或范式（我们怎样做事）？情况如此之糟，以至于在一本名叫《迷失董事会》（*Fad Surfing in the Boardroom*）的书里，作者不得不把最新出现的商业词汇做了个辞典。《华尔街日报》（1998年6月8日）则报道了一种"流行术语竞赛"游戏，员工在会议中找出从老板嘴里冒出的行话术语和陈词滥调，以此计算得分（"可交付成果""净净利"和"富影响力"都可得分）。

我们意识到，商业人士认为用这些炫丽的词语会让他们显得聪明、不简单和重要。但实际上，这只能让人们无法理解。

杰克·韦尔奇是通用电气极为成功的CEO，他在接受

《哈佛商业评论》的采访时说得很好：

> 缺乏安全感的经理人制造复杂。担心害怕、神经紧张的经理使用厚厚的、成摞的计划书和繁杂的幻灯片，几乎囊括了从小到大所知的全部东西。真正的领导者不需要杂乱。人们必须对清晰、准确保持自信，确保组织里每个人——最高层到最低层，都清楚企业要实现的目标。但这并不容易。你很难相信让人们做到简单是如何困难，大家对简单是如何担心。人们担心，如果自己保持简单，别人就会认为自己头脑简单。当然，事实上恰恰相反，只有头脑清晰、意志坚定的人才最简单。[5]

说了那么多，人们要怎样做才能避免复杂呢？办法是有的。

鲁道夫·弗莱奇（Rudolph Flesch）博士在他《平常说话的艺术》（*The Art of Plain Talk*）一书中，向华而不实和晦涩难懂的写作发起了个人的挑战。他第一个提出，商业人士如果能像平常说话一样写作，他们会写得更好。

按弗莱奇的建议，会这么回复一封信："谢谢你的建议，杰克。我会考虑并尽快给你回复。"与他建议相反的回复是："你的提议已于本日期收到，经过充分和慎重讨论后，我们将向你报告我们的发现。"

还有一项发现，文章的简练程度实际上可以量化测量。20世纪50年代，罗伯特·冈宁（Robert Gunning）发明了

"冈宁迷雾指数"（Gunning Fog Index），这个指数根据文章中的词汇数量与难度、主题思想的数量和句子的平均长度，衡量阅读的难度。

遵循以下10条清晰写作的原则，就能在对抗迷雾的战争中获胜：

1. 使用简短的句子。
2. 选用简单的词汇，避免复杂的词汇。
3. 选择人们熟悉的词语。
4. 避免多余的词语。
5. 语言尽可能生动。
6. 像说话那样写作。
7. 选用读者能理解的术语。
8. 结合读者的经验（**定位的本质**）。
9. 运用丰富的表达方式。
10. 为表达而写，而不是为了让谁印象深刻。

不仅写作，在日常讲话中也必须尽可能地做到简单，使用直截了当的语言，杜绝商业流行术语。

更重要的是，人们也必须做到简单，才能更好地被听见。现代社会充斥着无休止的嘈杂，人们的倾听能力已大幅下降。研究表明，人们对几天前所听到的内容，仅能记住20%。

《华尔街日报》1997年7月10日的一篇文章报道，美国已成为一个大家喋喋不休却根本没人倾听的国家。每个人只是在等待张口说话的机会。

如果这还不够糟糕，根据报纸报道，人类本身的生理特点也对专注倾听不利。大多数人以每分钟 120～150 个词汇的速度说话，而大脑每分钟可以轻松处理 500 个词汇，有足够的时间让人去烦躁。但如果讲话人所说的内容稍有复杂和令人困惑，要真正耐心听下去就很费劲了。

内容复杂、不着边际的会议和报告，只会耗费时间和金钱。人们很容易将其抛诸脑后，几乎没有什么实质的交流，这是巨大的耗费。

很多年前，我和同事参加一个两小时的会议，是一家设计公司对一个数百万美元的标识设计项目进行提案。与往常一样，报告人用了诸如"模式"和"范式"等术语，还含糊其辞地提到"色彩偏好"，提案中充斥着晦涩、复杂概念。鉴于我职位较低，我向同事承认我被搞晕了，并请他帮我概述一下。他突然笑了，看起来相当释然。事后他承认，他也什么都听不懂，但担心说出来会让自己显得蠢笨。

那家公司耗费了数百万美元去改变一个近乎完美的标识，因为现场没人有勇气要求报告人用简单易懂的语言阐述他们的提案。如果有人这样要求，设计公司和他们的标识就会被哄笑着赶出会议室。

这个故事给我们的教训是，你绝不应该让含糊的词语或概念蒙混过关。放任这种情况，就可能会付出昂贵的代价。要求报告人把复杂的术语转化为简单的语言，不要担心说"我没搞懂"，你绝不要容忍那种知识上的傲慢。

不要怀疑你的第一印象，第一印象往往最可靠。

不要纠结会不会显得很傻。在某些方面，最天真的问题结果反而是最深刻的。

最后，我们听听彼得·德鲁克关于简单言辞的看法：

过去40年最大的倒退倾向之一就是这种观点：如果你容易被理解，你就不够高深。在我成长的过程中，经济学家、物理学家、心理学家——任何一门学科的领袖——都会让其理论易被理解，这算理所当然的事。爱因斯坦与三位不同的合作者花费多年的时间，为的就是让他的相对论能被外行理解，甚至凯恩斯也曾努力让其经济理论易被人所理解。

但就在前几天，我听说一位资深学者认真地否定了一位年轻同事的研究，因为有超过5个人能理解他在做什么。这是真实发生的事。

我们承受不起如此的傲慢自大。知识就是力量，这是过去拥有知识的人常常试图保密的原因。在后资本主义社会中，知识的力量来自信息共享，从而转化为生产力，而不是隐藏起来。

———— 小　结 ————

伟大的思想，源自简单的字眼。

第二部分
02 管理问题

企业从混乱恢复到有序的过程中,该如何应对复杂?

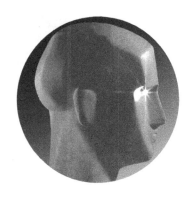

第 4 章

信息
过度的信息令人困扰

> 所谓智慧的艺术，
>
> 就是知悉如何忽略的艺术。
>
> ——威廉·詹姆斯
>
> 美国心理学家和哲学家

各类信息以硅谷所能创造的各种方式不断注入商业领域，商业变得日趋复杂。人们面临着戴维·申克（David Shenk）《信息烟尘》(*Data Smog*) 一书中所说的"信息时代有害垃圾的压迫"，无从逃避。

目前，信息处理产业占到了国民生产总值的一半。大量的信息最终印在了纸上，人们必须阅读它们。有一个数据可能会吓到你：人们预计，当今的商业经理人每周要阅读的信息高达100万个词汇量。（你有时间读这么多东西吗？）

开启信息时代的第一台计算机，大约有一间起居室那么大。今天，我们有着更多功能强大的机器，如笔记本电脑、掌上电脑、指上电脑……各种名字。它们都在不停地冒出各种信息，而不解决任何问题。

彼得·德鲁克对此表示认同，他说："计算机使经理人越发关注企业内部，由此它可能弊大于利。主管如此痴迷于计算机所产生的内部数据——基本上也是计算机至今所能做的事了，这使得他们既没有心思也没有时间去考虑企业外部的事务。然而，企业的成果只存在于企业外部。我发现，越来越多的主管（对外部世界）了解得越来越少。"[6]

难怪《今日美国》登了一篇题为《婴儿潮一代大脑失灵》的文章，该文章阐述了这代人为何面临更频繁的记忆丧失。

文章中的观点认为记忆丧失的主要原因并非年龄，而是信息过载。它假设人类大脑像计算机存储器，而这个存储器已经存满了。

想想那些号码或编号。过去人们需要记住的只有电话号码和地址，现在则有防盗警报器密码、社会保险号、电子邮箱地址、传真号码、电话卡号和自动柜员机密码等。人的大脑装满了各种数字，所以其他信息就会被挤出去。

有人甚至认为，信息过载将成为医学问题。巴诺书店（Barnes & Noble）的 CEO 莱恩·雷吉奥（Len Riggio）预言，在 21 世纪人们会吞食药片以助于清空大脑。"清除思想和遗忘，将与减肥和节食一样重要。"雷吉奥先生说。

现阶段要让大脑运作得最好、最快，避免信息过载的方法还没那么极端。这里提供的一些建议，可以让你冲破信息迷雾，尽可能地看清世界。

首先要承认，我们对自认为该知道的东西，无法全部都去了解。一旦克服了这个心理障碍，凡事就都好办了。你可以为不同的事情确立优先次序，选择授权他人办理，或者直接忽略它们（你不必对找上门来的每件事情都予以回复，有的甚至连看都不用看）。有人会将主动删除信息视为大忌，这听起来像审查制度的做法，实际上是信息过载下的自我保护。

控制好了信息数量，你将学会更好地运用信息。你必须强制自己免受干扰，才能冲破各种噪声的干扰，为重要的信息留出空间。

先花两个小时清理一下，对你和你的业务来说，什么信息和情报来源是关键的？什么时事通讯和期刊是"必须"读的？你的名字必须出现在谁的发送名单上？哪些网站必须收藏？哪些机构和组织必须加入？

提炼出最高质量的信息并优先阅读，剔除那些非重要的内容。

当你要发出信息时，无论撰写、讲话、广播或在线发布，都要尽可能地简练。你把自己视为决策者，而不是一个信息处理者。

比方说，你要了解某件事情，如果你（或者你的助理和秘书）不能在 15 分钟之内搞定，一个更佳的做法是委托专业研究者或研究公司来做这项工作。一个好的选择是：Find/SVP 公司，它在美国和其他 32 个国家设有办事处。

如果你有助理，就让他从相关领域那些带有摘要的新闻杂志或"调研期刊"中，选择或标出你需要看的材料。这有助于你剔除所有无用信息。

COR 保健资讯公司（COR Healthcare Resources）是文摘出版公司的一个优秀典范。它每月查阅来自 150 种出版物的成千上万篇文章，选编出约 10 本诸如《保健营销摘要》（*Healthcare Marketing Abstracts*）和《保健领导力评论》

（*Healthcare Leadership Review*）等不同的时事通讯。

COR 的创始人迪恩·安德森（Dean Anderson）说："时事通讯看起来只是文章摘要，但其价值不仅取决于我们摘取的内容，同样取决于我们舍弃的内容。目的是把复杂的保健业，简化为一个可被理解的体系。我们坚信，只有复杂度降低、不确定性最小化，决策者才能开始掌控自己的工作和生活。"

如果没人帮你筛选信息，你可以从阅读相关杂志的目录开始。查看标题和内容摘要，决定哪些现在需要阅读，哪些撕下来随后再看，哪些需要保存起来。

在读一篇文章时，在日后有用的内容下面画线或做其他标示。对于读完后没有画线或标示的文章，可以将它丢弃。

为文章和邮件建立一个"感兴趣"或"想阅读"的文件夹，它们是乘飞机时的好读物。

不要放过所看到的每一页纸，问问为什么你不把它扔掉。如果它经受住了挑战，就及时处理，放入待办类文件夹中，或者转发给别人，或者归档保存。

要求送达给你的所有报告，都要有一段或一页摘要。如果没有，就把它打回。

每周五，要求向你直接报告的人，用一页纸汇报本周的重要事务，及其对业务的影响。

电子邮件最大的优势是低成本，这同时也是最大的危险。

电子邮件本应该让我们更接近无纸化办公。然而，它分分钟吸取着人的注意力，几乎用电子垃圾完全替代了严谨、认真书写的备忘录（盖洛普于1998年5月的一次调查发现，典型的上班族平均每天要收发60封电子邮件）。

不知不觉间，你一天会收到几百封电子邮件，它们来自员工、朋友、亲戚、生意伙伴、供应商和客户。

从信头判断是否真要打开和阅读一封电子邮件。按发送者和标题浏览，优先处理客户和上司的邮件。

在电子邮箱中找到过滤器，用它把重要来信人的邮件设置为优先级，与其他来信人的邮件区分开来。

首先要减轻负担。不要把电邮地址印在名片上，只将邮箱给需要的人。

只在固定时间打开邮箱，可以设定在一天工作开始或结束的时候。电子邮件的特点在于，别人不知道你什么时间看邮件，甚至不知道你看没看。如果计算机不断提示收到新邮件，你又不断地回复，那些烦人的邮件就会成倍增加。

回信务求简短。提醒那些写长邮件或留长语音的人。

要求朋友不要转发琐事、闲谈、笑话或其他垃圾邮件。

如果只是想弄清楚事实或征求意见，就用电子邮件或传真。除非要头脑风暴或想解决一系列问题，否则不要召开会议。

当心被图形演示软件所诱惑，它会把很简单的内容转变成难以理解的图形。

需要投影演示时，保持信息简单。7行字是极限，每页幻灯片最好只用一张图片。

尝试用视频会议代替传统会议，视频画质和音效已比以前大幅改善。用全视通（PictureTel）跟大家打视频电话吧（除非你想要在2月飞到大急流城去参加会议）。

一家广播公司的工程副总裁，描述了一幅他自己在1998年前后的工作快照："我从早上的40封电子邮件开始一天的工作，电话响个不停，传真机不断运转。这还是我少数几天待在办公室里的状态，没算上出差。"

陷入困境的主管们，装备了大忙人标准配置的各类个人设备：手机、笔记本电脑、双向传呼机和便携式打印机。

这些设备让生活更简单了吗？让主管们更有生产力、更富效率了吗？开玩笑！

根据乔治梅森大学（George Mason University）休·赫克罗（Hugh Heclo）教授的观察："从长远看，技术过度的意思是，比较优势从那些拥有大量信息的人转移到拥有有序知识的人，从能处理巨量信息的人转移到洞悉信息真正价值的人。"

那么，当你要冲破信息迷雾时，请谨记：

1. 要区分数据和信息的不同。
2. 不要沉溺于自己所热衷的通信工具。
3. 不要成为收集狂。所有信息都可以从电子数据库再获取。

4. 大多数请求并不像发起者认为的那么紧急。

5. 始终把紧急信息与非紧急信息区分开来。

6. 始终简要、切题地回复他人，不要在有用信息外增加噪声。

小 结

大脑清理干净，思考明晰如镜。

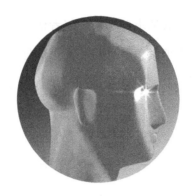

第 5 章

顾问
种种谬说的根源

> 仅在美国就有大约 700 所商学院。
> 每家学院的学者,
> 都不乏渴望成名者,
> 亟待成为管理学理论家。
> ——罗伯特·伦兹纳、史蒂芬·约翰逊
> 摘《福布斯》

最初的管理顾问是彼得·德鲁克,他以冷静的方式给出建议。就像英特尔公司的安迪·格鲁夫所言:"德鲁克是我的偶像,他异常清晰地写作和思考——在一群头脑不清的时尚贩子中显得出类拔萃。"

到了 20 世纪 80 年代,汤姆·彼得斯因一本关于卓越的书声名大噪。自此之后,汤姆·彼得斯模仿者不断涌现的时代开始了,你不妨称这些人为现代罗宾汉。他们劫富济己,不用弓箭,而是用复杂的流行术语和概念把自己武装起来,用以钉牢他们的猎物。

《财富》杂志一篇题为《寻找易骗者》(*In Search of Suckers*)的文章说得相当准确:"静悄悄地,没有号角声,咨询业已被劫持。新一代大师的武器只不过是笔、讲台和极致无耻,盗用的是曾经好听而正当的说法:为商界人士提供好建议。"[7]

当鲁伯特·默多克(Rupert Murdoch)被问到是否有追随或崇拜的管理大师时,他回答得相当直率:"大师?被吹捧的人到处都是。你知道，这种情形相当明显。在书店的商业书籍区域，各种书名都很棒，于是你买了300美元的书，回到家就把它们扔到了一边。"[8]

甚至汤姆·彼得斯都承认："我们属于唯一一个相信世界会越来越好的社会，于是人们会不断地被像我这样的人所欺骗。"[9]

咨询业的好坏丑恶，都已经被写尽了。

你应该意识到，复杂是糟糕咨询的核心。这种咨询顾问的观点是，客户不会为简单的事付太多钱，而这种看法可能是很到位的。事实上，有时候客户对咨询过程越难理解，他们愿意付的钱就越多。

如果咨询很简单，客户就会自己做了。

因此，咨询顾问的诀窍就是不断地发明新的复杂概念。比如，大多数公司明白市场竞争的意义，于是《麦肯锡季刊》(*Mckinsey Quarterly Magazine*)[10]的一篇文章告诉读者，现在有两个竞争领域：市场（marketplace）领域，以及一个叫"市场空间"(marketspace)（真不错，很押韵）的新领域。这一切都是为了创造"数字资产"——一个能让60岁CEO目光呆滞的概念。

随后，为了引入恐慌以打破平衡，读者被警告，"旧有的商业原则不再适用"，企业"既要监管现实的价值链，也必须建立和利用虚拟的价值链"。

作者所希望的读者反应是："快，把那两个哈佛家伙的电话号码给我，他们写的这篇文章我看不懂，我们可能会遇到麻烦。"

并不是说这些信息全是坏事，但 CEO 要解决如何在"市场"上生存的问题就够困难的了，就不要再想什么叫作"市场空间"的新事物了。

真正令人感到好笑的是，顾问竟为这些复杂概念相互起诉。比如一家叫思腾思特（Stern Stewart）的咨询公司提出了一个热门的金融概念叫作"经济附加值"（economic value added）或 EVA（这家公司甚至把它注册成商标）。另一家大型咨询公司毕马威决定推出自己的版本叫作"经济价值管理"（economic value management）或 EVM。然后就是律师上场，大打官司，进行大量的互相诋毁和攻击。骚乱在罗宾汉们的领地上爆发了，好汉们不是劫富，而是相互砍杀。

当然，各种谬说繁衍的集大成者，当数那些在咨询过程中被用来阐述的神奇图表，它们回答了大笔金钱会被怎样花掉。看看被设计用来解释"高绩效组织"的图 5-1，它显然看起来是致命的（不管你信不信，这是真的）。

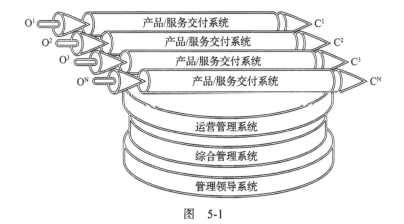

图 5-1

事实上，这看上去是如此危险，若有公司以此推行，半年间就可能会崩溃。

现在来假设你是一位顾问，计划开发一个流程，借此你可以 10 年不停地工作于战略研究并收取大笔钞票。诀窍就是将这个项目的最终决策节点尽量拖后。可以想到的最佳办法，就是图 5-2 中的这个流程，它能让你放慢动作。

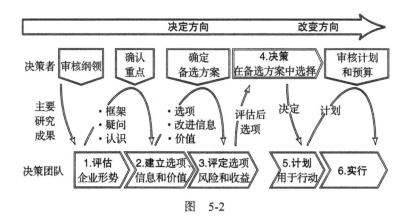

图 5-2

企业在这个迷宫里行进，可以"决定方向"或"改变方向"，可以进入"备选方案"或原路返回以"确认重点"。每一次小小的反复，都会耗掉很多需要收费的时间。

思考本不需如此复杂，除非你有意制造复杂。

公司绩效的改善之道，也许就在于引入简单想法并确保实施。看看通用电气杰克·韦尔奇的做法，他大概是美国最成功的 CEO 之一。

他的管理原则非常简单。首先，告诉员工每项业务都要在行业中做到数一数二，如果做不到，业务单位就有被卖掉的风险。韦尔奇履行了诺言，因此得到了"中子弹杰克"的绰号。建筑物还在那儿，但人已经没了。

其次是"无边界"的思想共享，一个打破公司层级以确保信息交流畅通的流程。

现在，他推行一个用以减少缺陷的名为六西格玛（Six Sigma）的项目，其目标是把产品和服务缺陷减少到几近于零，好处是顾客满意度提升而成本大幅降低。

正如《福布斯》杂志所写："杰克·韦尔奇的成功之道，并非有一套多么深刻的见解，或多么勇敢的尝试，而只是对细节的极端关注。"

不要误会，我们并没有彻底否定顾问。好的顾问具备企业内部人士所缺乏的经验和视角，带来有助于平衡的关键因素——客观性。当然，最关键的是他们外部人士的身份。

企业内部往往不缺答案。正常来说，公司借助员工而不是外部人士去解决问题，可以节省很多钱。那为什么众多公司不能充分利用员工的知识呢？

一个原因是熟悉带来的轻视。很多主管只能看到员工的缺点和错误。相比之下，顾问们待的时间不够久，他们的缺点还未被发现。

还有一个原因是妥协的问题。企业总有些事能做到而有些事不能做到，好的顾问必须不受干扰，寻找到正确答案。这与流行术语或玄乎的研究一点关系都没有。

回过头来，再看一下我们的偶像彼得·德鲁克对好顾问的看法：

> 那是在1944年，我第一次承接一个大型管理咨询项目时得到的收获。当时我负责研究通用汽车的管理结构和管理政策，斯隆先生是该公司董事长兼CEO。开始工作的第一天，斯隆先生便请我到他的办公室，对我说："我不知道我们要你研究什么，要你写什么，也不知道该得到什么结果，这些都应该是你的任务。我唯一的要求，只是希望你将你认为正确的部分写下来。你不必顾虑我们的反应，也不必怕我们不同意。尤其重要的是，你不必为了让你的建议容易被我们接受而想到妥协。在我们公司里，谈到妥协，人人都会，不必劳驾你来指出。你当然可以妥协，不过你必须先告诉我们什么是'正确的'，我们才能有正确的妥协。"[11]

这一切都是说应该做正确的事，而不是做大家都认同的事。

再看看这个。顾问们自己也承认其不足，贝恩公司1997年的一项调查显示，在4000名受访的主管中，77%的人说购买管理工具时得到的承诺，比实际交付成果要多，而且这些成果与财务业绩并没有关联。

由此，当你面对各种管理学说跃跃欲试之时，也许要先听听这些批判之音：

1. 它们只能沦为一股热潮,因为那仅仅是对局部问题的应急之策。

2. 关于它们成功率的信息,几乎是没有的。

3. 它们耗费精力和资源。企业送出了成百上千的主管去参加研讨学习,并花钱去雇用最新冒出来的顾问来传播福音。

4. 它们制造不切实际的预期。

5. 它们逐渐削弱员工的信心,使他们对每一个新的流行术语都抱有与日俱增的怀疑。

如果以上这些都不能让你暂停一下,那就祝你好运!

小 结

人说百样,不懂勿信。

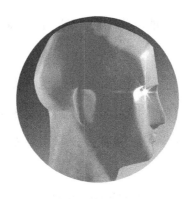

第 6 章

竞争对手
市场如战场，对手如敌军

> 战争中的一切都极其简单，
> 但最简单的事是最难的。
>
> ——卡尔·冯·克劳塞维茨
> 著名军事历史学家

今天的商业，已不再是自我再造和持续改善可以应付的，它俨然就是一场战争。

我们第一次提出这个观点，是在25年前的《商战》一书中。现在看来，这本书出版时，真正的大竞争时代尚未来临。10年前，"全球经济"这个词尚不存在，如今我们习以为常的种种科技，还只是某些硅谷工程师眼中的一点微光，全球化商业很大程度上只关乎几家跨国公司。

在世纪末的今天，在世界前100大经济体中，有51个不是国家而是商业公司。世界500强企业的贸易额，惊人地占据了全球贸易额的70%。

今日的市场竞争，让我们当初描述的市场竞争显得像个茶话会。商战在全球每个区域爆发和升级，各家企业无处不在地与其他企业进行着生意争夺。

所有这一切，意味着《商战》一书所述的原则比以往任何时候都更为重要。企业必须要学习如何应对竞争——如何规避竞争者强项，以及如何攻击其弱项。组织必须知道，并不是要让自己的员工为企业鞠躬尽瘁，而是要让竞争者的员工为他们的组织付出更多。

最简单地说，一家企业要想在今天取得成功，必须是竞争导向的。它分析竞争者及其所处位置的弱点，并针对这些弱点发动商战。

一切都为了得到正确的竞争战略，一切都关乎对商战四种形式的理解（见图6-1），并从中找到适合自己企业的战略形式。

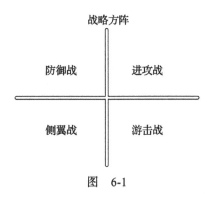

图 6-1

商战原则由一个非常简明的模型构成，指明了21世纪企业的生存之道。让我们把这些原则回顾并更新一下。

1. 防御战适用于市场领导者。领导者指的是那些已经被顾客视为领导者的企业，而不是期望成为领导者的企业。

最积极卓越的领导者，愿意用新的产品概念进攻自己已有的产品。我们一直把吉列公司当作经典范例，演示防御型企业该如何做。每两到三年，吉列公司都会将既有的剃须刀更新，从双刃剃须刀（Trac-Ⅱ），到可调节的双刃剃须刀（Atra），到减震刀片（Sensor），现在又推出三刀片剃须刀（锋速3，Mach 3）。一家不断推进自己的企业，不会留给竞争者机会。

积极卓越的领导者会保持对竞争行为的封杀。比克公司（Bic）推出一次性剃须刀后不久，吉列公司就用其双刃一次性剃须刀（好消息，Good News）予以反击。现在，吉列双刃产品垄断了一次性剃须刀品类。

吉列公司占据了剃须刀市场逾60%的市场份额，这就是真正的领导者。

2. 进攻战适用于市场的第二名或第三名。首要原则是避开领导者的强势，寻找其弱点实施攻击，并将所有的力量聚焦在这个点上。

近几年，在美国发展最快的比萨连锁店是棒！约翰（Papa John's）。棒！约翰攻击必胜客，选择的弱点是"馅料"。棒！约翰创始人约翰·施耐德（John Schnatter），率先掌控了全美最好的番茄酱，这种番茄酱是其他比萨连锁店无法买到的。这一点，成为棒！约翰"更好的馅料，更好的比萨"概念的基础。

约翰始终聚焦在"更好的馅料"这一概念上，他对每种馅料都是同样的高要求。比如，他选用上好的奶酪和上层配料，甚至将水过滤以和出更好的面团。

《华尔街日报》在报道"棒！约翰正高歌猛进"，这绝对是令必胜客不安的消息。

攻击领导者的最佳方式之一，是采用新一代的技术。

在造纸行业中，纸张均匀度检测与管控系统领域已变成Measurex（现在的领导者）和AccuRay（原领导者，ABB的一部分）"两强相争"的局势。

AccuRay刚刚用一种能测量整页均匀度的新技术攻击了Measurex，这个新武器名叫"超级扫描全页成像"，其质量检测与管控水平，Measurex无力能及。AccuRay的这一战略将会奏效，因为它让竞争对手的技术变得过时了。

3. 侧翼战适用于试图通过避开主战场而谋求立足的小企业或新企业。这种战略通常意味着在无争地带行动，并且需要出奇制胜。

侧翼战往往来自一个像加料美食爆米花（Orville Redenbacher）或第戎芥末（Grey Poupon）这样的新产品概念，有时候也会源自像四驱车（Jeep）这样的已有产品概念。

在高尔夫器具行业中，一场漂亮的侧翼战正在展开。当很多企业聚焦于一号木杆、铁杆和轻杆时，Adams公司则进入了一个从未发生过激烈竞争的领域。

Adams公司的侧翼战是推出一款享有专利的扁平设计木杆，叫作"贴地球球道木杆"（Tight Lies Fairway Woods），这款产品迅速成为美国销售增长最快的球道木杆。

19岁的迈克尔·戴尔（Michael Dell）创立自己那小小的计算机公司时，知道自己无法与这个领域已有的大公司争夺商场店面。然而，行业当时普遍认为计算机必须在商场内售卖，所有公司都坚信顾客不会通过邮购方式购买如此高端的产品。

迈克尔·戴尔打破了行规，发动侧翼战，开创计算机直销，用短短 5 年就打造出了一家价值 8 亿美元的企业。

4. 游击战往往适用于更小的企业。首要原则是寻找一个小到足以守得住的市场。这就是"在小池塘中做大鱼"的战略。

作为游击型企业，无论取得多么大的成功，永远不要像领导者那样行动。成功的游击型企业会落入"极度成功"陷阱，变得自大妄为（还有人记得人民捷运航空（People's Express Airlines）吗）。

最后，游击战必须准备好随时撤退。小企业无法承担大的耗损，一旦形势不利，就该混入丛林，保存实力，以备择时再战。

游击战最有趣的案例之一发生在加勒比海。那里大大小小的岛屿，都参与到一场争夺游客的战争之中。

格林纳达（Grenada）是加勒比海最南端的岛屿，它为人所知的仅仅是里根总统为驱逐几个古巴人入侵过这里。现在，它试图在加勒比海旅游业中占据一定份额。

由于是游客争夺战中的后来者，格林纳达未被开发破坏。岛上几乎没有钢筋水泥，也没有被过度开发的海滩。事实上，岛上连一个高过棕榈树的建筑都没有。这些特点让它作为未被开发的海岛，可以发展出"加勒比原貌"这样的战略。

这就是格林纳达小到足以守得住的概念，因为其他岛屿都已被开发，不可能转眼间又回到未被开发的状态。

当然，小丛林里的竞争者必须当心，小丛林也可能变得竞争过度。微酿啤酒领域的竞争就是这样。根据啤酒酿造研究机构的数据，微酿啤酒企业才刚刚在啤酒游击战中取得了成功，这类企业的数量就迅速增至1306家，比1993年增长了4倍。

为满足消费者对各种新奇口味和配方的热衷，资本充足的微酿啤酒市场发展出了4000个品牌。这么多游击队员出现在小小的微酿啤酒市场上，大家最终只能互相残杀。

在1994年、1995年连续两年保持50%的高速增长之后，微酿啤酒的好日子一去不复返，啤酒行业的洗牌一触即发。

哪个微酿啤酒会在酒吧的争斗中存活下来？许多业内专家预测Sam Adams会是幸存者之一，它是唯一在全国都有特许经营权的微酿啤酒品牌。此外，还有加利福尼亚老牌微酿品牌Sierra Nevada和Anchor Steam。

最后，要参与游击战，具备一名优秀将领的特质是非常重要的：

- **必须灵活**。需要根据形势变化随时调整战略，而不是固守既定战略去试图改变形势。一名优秀将领应该有自我主见，但决策前会认真考虑所有选项和观点。
- **必须有决断力**。在关键时刻，要适时终止外部信息以做出决定。一名优秀将领，将从内心深处找到获胜所需的意志力和决断力。

- **必须果敢**。当时机到来时，必须快速果断地发起攻击。局势对己有利之时，果敢是格外宝贵的品质，这时必须全力出击。同时，要提防那些在局势不利时还表现过于勇猛的人。
- **必须掌握实情**。一名优秀将领在规划战略时，基于全面而细致的现实情况。战略一经制定，它应当是简单而有力的。
- **需要运气**。充分利用好运气，它可以在获取成功的过程中扮演重要角色。当运气用尽时，则必须准备好迅速止损。克劳塞维茨说："有条件的投降并不耻辱。就像优秀的棋手不会在败局已定时继续纠缠，将领也不会无谓战斗到最后一员倒下。"

小 结

知悉竞争，避其强势，攻其弱点。

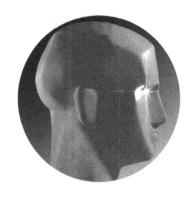

第 7 章

战略
一切为了差异化

> 在房地产行业,重要的是地段、地段、地段。
>
> 在商业中,重要的是差异化、差异化、差异化。
>
> ——罗伯特·戈伊苏埃塔
>
> 可口可乐前 CEO

很不幸,因为有哈佛大学迈克尔·波特这样的一类专家,"战略"这个概念已变得令人相当困惑。1985 年,在《竞争优势》(*Competitive Advantage*)一书中,波特概括了企业能够采用的一般性战略。但在企业选择哪一种战略时,事情会变得非常复杂。企业必须分析 5 种竞争力量(潜在进入者、客户、供应商、替代品和竞争),随后还要弄清楚所处行业的类型(成长、衰退、成熟等)。除此之外,企业还不能把自己看作一个独立的单位,而应该视为一个"不连续活动"的"价值链"。

在波特的列表和大量的案例背后,存在着一个简单的事实:在如今这个竞争激烈的市场上,你必须为顾客提供一个选择你而不是竞争对手的理由。如果无法提供这个理由,你最好能提供一个好价格。

这个理由被归结为一个简单的词或词组,然后将其安放在终极战场上——顾客或潜在顾客的心智。我们将这一过程称为"定位"。

这个词或词组必须简单,因为心智厌恶复杂。它作为一个竞争性的心智角度,利于进入顾客心智(详述见第15章)。

不幸的是,许多公司最终找到的不是差异化概念,而是没有意义的口号。举例如下:

- "四海一家的解决之道"让IBM有差异化吗?没有。IBM比那些更小的竞争者更好,是因为它能够将计算机业的所有部件集成起来,"集成计算机"才是强项。郭士纳(Lou Gerstner)说"集成能力是我们独有的资产"。它就应该把这点放到广告里。

- "Just do it"或"I can"让耐克有差异化吗?没有。耐克相比其他生产商最突出的一点是,它是"世界顶级运动员的穿着"。迈克尔·乔丹可以证明。

- "美林证券就是与众不同"真的让美林证券有差异化了吗?没有。美林证券真正与众不同之处,是它比其他投资公司具有更丰富的资源。"更多的资源,更好的方案"会将它的资源优势转化为服务利益。

- "一切触手可及"让AT&T有别于MCI、Sprint或其他电信公司吗?没有。AT&T应该做的,是聚焦在"可靠"这个概念上,这才是它明显的差异化。它健全的网络资源,支持这一点。

- 青蛙形象让百威有别于其他啤酒吗?同样没有。讲述百威品牌背后的悠久历史,才是有效的做法。干掉那只青蛙吧。

实现差异化，只需做到三点：

1. 找到一个有别于竞争对手的简单概念。
2. 选择合适的信任状或产品，让这个概念真实可信。
3. 制订一个计划，去让顾客和潜在顾客知道这个差异化。

就这么简单。

很多企业其实知道自己的差异化在哪里，但可能太过明显反而忽略了。有些东西就是这样，简单得让人难以置信。

如果去布宜诺斯艾利斯旅游，你会很快发现 Quilmes 是阿根廷销量最大的啤酒。它有着 60% 的市场份额，从 1890 年起就在酿造啤酒。

Quilmes 的广告画面是一群漂亮女孩遇到一群帅气的男孩，广告口号是"相遇的味道"。企业应该推广的是一个简单概念——"始创于 1890 年的阿根廷啤酒"，这才是它们的差异化所在。

如果去美国西部旅行，你会看到一个古老的品牌——富国银行（Wells Fargo Bank）。回到 1852 年，它那时的特色是以驿马速运贵重物资，马车整日飞奔。

今天，凭借计算机网络技术，马车上的财富变为数字，以光速行驶。但让富国银行有差异化的东西始终未变，它可以表达为"服务快速，由始至今"。这就是富国银行需要的概念。

庞蒂克（Pontiac）最近启用了一个以前用过的差异化概念。这个概念是"宽轮距"。庞蒂克聪明地将这个概念戏剧化地表达为——"更宽就是更好"。

变化的越多，不变的也越多。有效的差异化概念应该一直保持，它需要的是与时俱进的升级，而不是改变（可口可乐就不该放弃"正宗货"概念）。

这种观点并非仅仅适用于大企业。我们看一下 Aron Streit 公司的故事。Aron Streit 是最后一家全自产的犹太无酵饼公司（要说明一下，犹太无酵饼是一种很特别的烘焙面饼，制作纯正，未经发酵，也不加盐，当年以色列人就是靠它活着逃出了埃及）。

B. Manischewitz 公司是市场的垄断者，Aron Streit 所占份额很小。Aron Streit 公司意识到，"传统制作"这个概念能够将自己与其他犹太无酵饼区隔开。尽管行业的趋势是制作外包，Aron Streit 也因此增加了不少其他产品，但它仍然坚持在曼哈顿下区的利文顿街店头制作犹太无酵饼——从1914年开业至今从未改变。

登录 Aron Streit 的网站，你会发现这家公司非常懂得如何进行差异化。网站上写道：

> 为什么 Aron Streit 犹太无酵饼有别于国内其他品牌的犹太无酵饼？
> 因为我们只在自己的炉子里烘制犹太无酵饼，制作绝不外包。

这就是用传统的概念进行差异化。

赞恩自行车店（Zane's Cycles）是康涅狄格州最大的单体自行车店。33 岁的克里斯·赞恩（Chris Zane）是怎样在激烈竞争中保持店销量每年 25% 增长的呢？

他进行了差异化。他解释："我广为人知的策略是提供终身保修服务。如果顾客从我这里买了自行车，一旦出现故障或需要保养，我们会想尽办法让车子能重新上路，而且一切免费。"

他提供的终身保修，事实上并没有听上去那样要花很多钱。首先，技工们明白，顾客买的每辆自行车都会由店里提供免费服务，所以他们一开始就会把每一辆新车都装配好。

其次，终身保修服务会让最好的顾客不时回到店里（他们是自行车运动热爱者，经常骑车，需要定期服务）。这些顾客每次来赞恩自行车店接受服务时，店里就多了一次销售新装备的机会，这对生意大有帮助。

这些例子对战略规划来说说明了什么？大多数规划存在的问题是对"想做什么"谈得过多，但对"如何做到"谈得太少。没有"我们要如何做到"这一关键内容，那些诸如想增加市场份额或想拓展市场的规划书，就没有太多价值（如果你案头的规划书没有"如何做到"部分，把它退回去好了）。

这就是那些收费高昂的顾问常出问题的地方。差异化并不是他们所能了解的环节，"如何做到"要解决的是认知问题。

好顾问的问题则在于，你向客户提供了差异化概念，但它不是客户所喜欢的。Pampero案例就是个例子，这是一个委内瑞拉的番茄酱大品牌。

Pampero请我们做咨询时，德尔蒙（Del Monte）和亨氏（Heinz）已经把它挤下了第一位置，它正在衰退。它需要一个差异化的品质概念，超越当时宣传的"更红"或"更好"。

凭什么说Pampero更好？它对番茄酱做了什么？经过一番调查，我们发现Pampero的番茄是去皮的，所以番茄酱会有更好的口味和颜色。那些大的竞争对手，番茄都没有去皮。

这是令人感兴趣的概念，因为很多人都知道，食谱里要使用整个番茄的话，通常是建议去皮的。Pampero可以利用这一点，激发出人们对"去皮"代表更优品质和更佳口味的认知。

我们告诉企业管理层，"去皮"概念是重塑Pampero品牌认知最好且唯一的方法，他们变得非常失望。企业为降低成本，正在再造自动化生产流程，以采用不去皮番茄（与德尔蒙和亨氏一样），管理层不想听到继续进行传统制造的建议。

我们希望它停止现代化计划，因为"去皮"才是有效的差异化概念。面对更大的竞争对手，做一样的事情，注定会在商战中落败出局。

很多年前，罗瑟·瑞夫斯（Rosser Reeves）写了一本里程碑式的书，叫《实效的广告》（Reality in Advertising）。在书中，他创造了一个术语：USP——"独特销售主张"（unique selling proposition）。这就是企业在为产品建立差异化时，要努力寻找的东西。

到了今天，很多广告人都觉得 USP 几乎不存在了。随着产品趋向同质化，他们提交给客户的广告策略更多的是娱乐化，而不是差异化（娱乐的东西让人看看还好，靠它卖产品就不行了）。

那些广告人并没有认识到，差异化其实可以体现在很多方面。

- 产品特性——沃尔沃：安全
- 得到偏爱——泰诺：医院用得最多的镇痛药
- 国家传统——红牌：俄国伏特加
- 可靠性——美泰克：无聊的修理工
- 首创者——可口可乐：正宗货
- 便利性——鲜速递：包装好的沙拉
- 销量第一——丰田：美国销量第一的汽车

有时候，不同寻常也可以是一种差异化。巴尔的摩国家水族馆，就曾面临"了无新意"的问题。它的战略就是重新规划水族馆，改变大家对水族馆的既有认知——不再是一成不变的水箱养鱼展示，而是成为一个奇妙变幻的水底世界。

战略很成功，表达很简单：水族馆里总有新发现。

只要用心，无论是企业、产品还是水族馆，都可以实现差异化。

小 结

没有差异化，只能靠低价。

第 8 章

顾客导向
这是基本前提,不是差异化所在

> 顾客不总是对的,
> 他们对错的概率一样。
>
> ——哈罗德·杰宁
> 国际电话电报公司（ITT）前总裁

专家学者把"顾客导向"变成了新的理论阵地。他们发表各类文章，研究一种叫作顾客的人，探讨该如何吸引他们、热爱他们、联合他们，或牢牢抓住他们。

我们听到的说法包括：这家说顾客总是对的，那家说顾客有时候是对的，另一家又说顾客常常是错的。我们还听到说，顾客是CEO，顾客是"上帝"，顾客是蝴蝶（请别管为什么）。

现在，我们还有像这样的知识工具：

- 如何利用顾客的反馈（视每次投诉为礼物）；
- 如何一直留住顾客（更好的后营销）；
- 如何从顾客处得到启发（通过望远镜向后看）；
- 如何搞定难缠的顾客（比努力更努力）；
- 如何为顾客永不满意时代的到来做好准备（实时管理）。

这类知识工具还可以变得更复杂，如图8-1所示。

这种图足以让企业进入"我就不要钱"的境界。

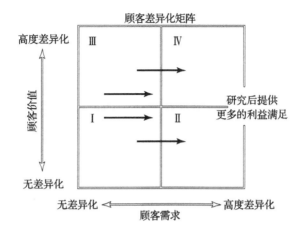

图 8-1 顾客分类模型

营销业最伟大的谎言是:"服务顾客"制胜。

很多营销人都活在梦想世界中,幻想着有未被开发的新市场。他们以为,市场营销就只是企业和顾客两个选手间的比赛,企业只要开发出满足顾客需求和需要的产品或服务,就可以通过营销来收获成果了。

事实上,所谓的新市场根本不存在。在营销的现实世界里,市场存在着一系列的竞争者,每家都拥有各自忠诚或不太忠诚的顾客。由此,营销活动的目的,就是抓牢自己已有顾客,同时还要设法抢夺竞争对手的顾客。

那么新产品呢?推出新产品就肯定会有一个巨大的新市场了吧?

同样没有。索尼在推出 Betamax 录像机之前,磁带录像机市场在哪里?答案是:不存在。索尼确实会将拥有电视机的消费者界定为潜在市场,但谁也不能保证这些人会买录像机。

尽管营销人总在谈论满足新的市场需求和需要，但大家还是更愿意面向现有市场，推出针对现有竞争对手的产品。

这就是众多企业要谈顾客导向的原因。翻到本书第11章，你会发现，300家企业中有211家在使命宣言中提到了"顾客"。

柯达CEO乔治·费舍尔说："过去25年我学到的最重要管理经验，就是成功很少由技术或概念驱动，真正的驱动力是人。优秀企业由顾客需求驱动，这些需求由训练有素、目标明确、富创造性的员工来满足。"

乔治，你的问题是并没能满足顾客需求，特别是专业摄影师的需求。柯达忽略了这个群体，结果10年间被富士胶卷抢走了25%的市场份额。这绝不明智，因为这个群体胶卷需求量巨大，而且是意见领袖人群（幸运的是，柯达正在用一个真正有效的差异化概念赢回这群顾客：新型高速弱光曝光胶卷）。

很显然，如果用扑克游戏做比方，以顾客为导向只是"开牌"，让你进入游戏，但不会让你与那些竞争对手区别开来，他们读过一样的书、上过一样的课。有些竞争对手，就像富士胶卷，会有更低的价格、更优的技术。

看看马自达的问题，它形象模糊，毫无特点。广告公司换了一拨又一拨，策略天天换。

CEO理查德·比蒂是这样指示新广告公司的："我们要

成为一个吸引驾驶爱好者的品牌。"这是差异化的概念吗？买车的人有多少是不爱开车的？你还可以看到，大众说"驾驶者的需要"，宝马说"终极驾驶机器"，三菱说"清醒着，驾驶着"（这下是个安全概念了）。

新接手的广告公司大胆决定，马自达的"品牌承诺"应该聚焦在驾驶的情感需求上，建议是驾驶者"精神的补给"（终于有个难懂的顾客导向的想法了）。

这个神妙情感需求带来的概念是"上车，动起来"（要是我刚为它花了 25 000 美元，它当然要让我动起来）。这种含糊不清的顾客导向思维，真帮不到马自达多卖几辆。

太过于关注顾客，会让人把事情搞得很复杂，反而很难弄清楚究竟该对顾客说些什么。请看图 8-2，咨询顾问经常用它来说明怎样去满足顾客的情感。

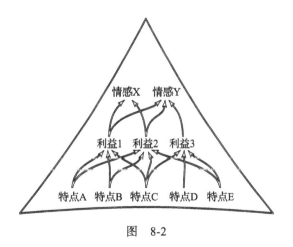

图 8-2

如果你的营销问题关乎五大特点、三大利益、两种情感,那你最好是把企业卖了,让其他人去想这些问题吧。

顾客导向还会碰到另一件棘手的事,那就是心理学上存在的客观情况:人们倾向于选择别人在购买的东西,也就是"羊群效应"(详见《新定位》第4章)。这说明对影响顾客来说,其实宣传产品畅销比宣传产品本身更有效。

企业喜欢用尽办法,弄出一堆令人眼花缭乱的复杂概念去影响顾客,而顾客想要的却是简单的概念。这种现象太普遍了。

就像苹果公司的牛顿掌上电脑。它的功能包括日程安排、地址簿、文字处理、计算器、试算表、计算机及打印机接口、调制解调器、红外线连接、内置录音机、电子邮件、传真和网络浏览器。

这一堆产品功能没有给顾客留下什么印象,他们只是被搞糊涂了。难怪这个产品最终也就消亡了。

顾客导向有时也可以实现差异化,那就是企业把"服务"作为差异化概念的时候。诺德斯特龙(Nordstrom)就是一个例子。在一个百货公司逐渐取消服务的时代,诺德斯特龙百货却全力聚焦在服务上,通过超出预期的服务来吸引顾客。

在很多方面,诺德斯特龙都是一个优秀典范,它采用"更好的顾客服务"这个简单的差异化概念,并将其作为一致性的营销方向。我们看一下它的"公司结构",它是一个倒金字塔,顾客被放在了最上面(见图8-3)。

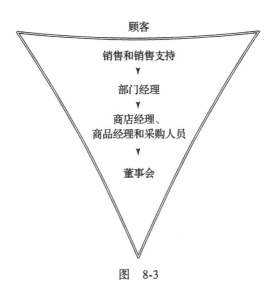

图 8-3

我们尤其喜欢这家公司的员工手册,这是一张 8 英寸①长、5 英寸宽的单张卡片(见图 8-4)。

欢迎加入诺德斯特龙

欢迎你加入我们公司
我们的首要目标是为顾客提供杰出的服务
请为你自己和你的工作设立高目标
我们深信你有能力实现

诺德斯特龙守则
守则1:在任何情况下,
凭自己的良好判断做决定
仅此一条

若有任何问题
可随时咨询部门经理、商店经理和部门总经理

图 8-4

够简单吧?诺德斯特龙的做法正是我们所推崇的。

① 1 英寸 = 0.0254 米。——译者注

简而言之，好的办法就是要同时获得新顾客和留住老顾客。"差异化概念"用来吸引新顾客，这个我们已经谈得够多的了。

现在很多企业投入更多时间和金钱，用来"留住老顾客"。新技术已使之成为可能。

举个简单例子：在酒店房间，我拿起电话打给前台，电话里的人说："早上好！特劳特先生。我们能为你做些什么？"

借助通信技术，前台知道了客人的名字，这个细节会让人对酒店的服务多一些温馨感（250美元一晚，他们就该知道客人的名字）。

若有兴趣知道企业该如何运用芯片技术提高顾客忠诚度，可以参阅由唐·佩珀斯（Don Peppers）和马莎·罗杰斯（Martha Rogers）所写的《企业一对一》(Enterprise One to One)。我们本来想多谈谈这本书，但确实感到有些复杂。全书有425页，里边就客户服务提出了很多概念。

简要地说，客户服务整个"学科"建立在两个常识性概念之上，那就是要让顾客：①买得更多；②抱怨更少。

最后，营销规划中有一点常被忽视，那就是强化现有顾客的认知，让他们因成为你的顾客而感到明智。

在爱立信专用无线系统的营销规划中，差异化概念是与摩托罗拉系统相比，爱立信系统支持"拓展应用"。这个概念基于爱立信独有的无线光谱技术。

毫无疑问，当客户正在考虑为无线系统投入数百万美元时，拥有不会"过时"的系统非常有吸引力。同时，这也很好地强化了现有的顾客认同，让他们的投资显得很明智。

最喜欢看汽车广告的人是新车主，他们期望得到对自己选择的肯定。随后他们就可以对朋友和邻居说，我买的车很棒。

很多 CEO 都爱谈顾客导向，看一下最成功的 CEO 究竟把时间用在关注什么事情上，就会很有意思。在 *Inc* 杂志的一次调查中，500 家成长最快的私营企业的 CEO 被问及他们最关注什么，得到的回答如下：

- 竞争战略，18%；
- 员工管理，17%；
- 技术研发，13%；
- 增长管理，13%；
- 财务管理，12%。

你看，"顾客"甚至都没有出现在列表上。

小　结

重要的不是你如何了解顾客，而是顾客如何了解你。

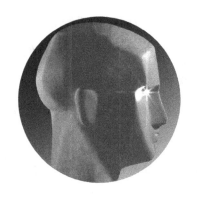

第 9 章

年度预算
简单的分配方式，
最佳的资金回报

第 9 章 年度预算

> 我没有给他预算限制,结果他超支了。
>
> ——爱德华·贝内特·威廉斯

稳操胜券之时,须全力出击,毕其功于一役。竞争中对成果最大的保护,是资源上的巨大投入。如果投入资源不及时,竞争对手就会猎取你好不容易取得的初步成果。

这里有一个问题,就是年度预算。年度预算是分配资金的好方式,但其使得整个组织缺乏灵活性,不足以应对变化。

你能想象一场基于年度预算的战争会是怎样的吗?可能是这样的:"对不起,上校,你必须等到明年 1 月才能获得支援,那个时候我们才有新的预算。"这里的问题,是会错失战机。

在战略规划的推进过程中,竞争对手可能会犯下大的错误。把握这个战机及时追击,需要大量的资源投入。若要等到下一年的预算支持,那就太晚了。

但无论我们的喜恶如何,年度预算总是存在的。企业通过一年年的摸索,去寻找一个能让一笔钱产生其最大效益的系统。这种摸索往往发生在多系列产品线的大企业中,其预算数目很大,企业需要解决如何"更好地花钱"的问题。

单一产品的小公司,其问题通常是如何获得足够的钱,它们没有什么钱可浪费(如果你的企业属于这一类,建议直接看第 10 章吧)。

如果你的企业具有多系列产品线,我们来分析一下这类企业是怎样分配资金的。企业常采用的分配方式，称为"零碎"方式最恰当，也就是每个产品线部门分别为自己制定预算。就既往经验，这种预算主要根据销售额分配资金，对其他因素则考虑很少。

关于预算听得最多的问题，就是"企业的营销投入，一般占销售额的百分之多少"？答案是："够用就好。"

按销售分配预算的问题在于：一方面，有些产品线会因为销售额较小，受制于资源不足；另一方面，被市场接受的产品线无论需要与否，通常都占用着最大的预算。对于后者，谁会承认它预算过多或者说是浪费呢？

这意味着新产品或新概念会存在资金不足问题。如果要申请更多的预算，通常就会得到这样的回复："等销售额上去了再说。"然而资金不足，有效工作无法展开，销售额又怎么能上去呢？

不仅如此，这种资金分配的方式还缺乏灵活性。一旦资金被分配到不同产品线，就不可能把钱再抽回来。这种零碎化导致企业无法快速把握机会，利用好竞争形势。战机出现，你得到的回复只是："好主意，哈里，明年新预算下来你再干吧。"

问题是社会高速发展，新机会稍纵即逝，其他人随时会抓住战机。

这些都是传统预算方式存在的典型问题。现在提供一个非传统的方式，可以最合理地分配资金，使年度预算发挥最大化效用，至少能确保一些工作真正产生出成果。

第一步：营销规划准备。根据每个产品的情况，确定它们在市场生命周期中所处的状态。这是新市场吗？当前竞争如何？竞争性的心智切入角度是什么？在分销链条上处于什么地位？顾客对产品以及竞品的认知怎么样？

规划准备必须基于事实而不含偏见，不能够有一厢情愿的想法。

第二步：对产品进行机会评级。如期发展的话，哪个产品会获得更大收益，以此预期作为评级的标准。这个产品或服务能获得溢价吗？能否以新一代概念建立领导地位？所处领域是否存在竞争？

机会评级需要有良好的专业预判能力，一般人并不能预知未来。你要做的是根据哪个产品可能带来最大回报，为每个产品进行机会评级。

我们给予的评级提示是：可以对不同产品的竞争情况进行评级。竞争越弱，产品成功的机会越大。与训练有素的大企业去竞争，并不好玩。

第三步：规划广告策略。广告往往是营销中支出最大的部分，因此确保广告投入用在产出最大的地方非常重要。此外，也要确保广告投入的资金足以完成策略。

例如，广告在吸引人们关注新概念或新产品方面，效果会很好。将产品与竞品做对比时（戏剧化表达竞争性心智切入角度），广告效果也非常好。

如果广告要设法说服或者改变顾客的心智，就不会很有效（事实上改变心智根本不可能）。如果广告只是为顾客提供娱乐而没把"差异化"植入心智，也不会很有效。

第四步：钱分配完了，就到此为止。这时候，CEO 需要把面子抛一边，果断决绝。

一旦各产品线按收益机会和广告策略排定优先次序，就从第一个开始分配预算资金。如果资源只能支持三个主要的产品，就将资金只分配给这三个产品。当资源分配完毕，后面的产品线就只能放弃，熬过今年待来年重新评估。对于那些得不到预算的产品，CEO 肯定会心有不甘，但必须避免把钱分在太多产品上，要尽力追求资金的最大化回报。

最后提醒：这种方式适用于企业层面的预算分配。如果企业特别大，也可以在部门层面采用这一方式。换句话说，各部门主管也可以用这种方式分配部门内的资金预算。

施行这一预算方式的关键，是高管充分参与。这是选择性的资金分配，而不是随意性的派钱。资金的使用不是针对现状，而是要面向更好的未来机会，要在有机会的项目上保障资源以达成成果。

— 小　结 —

要为新机会花钱，别为老机会费钱。

第 10 章

价格
让你彻底了解价格的几条准则

> 买家愿意支付的价格，就是某样东西的价值。
> ——普布利柳斯·西鲁斯（Pubilius Syrus）
> 罗马作家，公元前1世纪

活在古代的普布利柳斯跟我们是同一类人。他了解定价的本质，并用上面那句话说了出来。不幸的是，随后几个世纪，专家和顾问就把定价搞得有些复杂了。

随便拿起一本典型的营销课本你就会发现，关于定价动辄是好几章长篇大论，还有无数图表，真难为那些努力的商科学生了。我们特别喜欢用图10-1做例子，它结合了边际成本和边际收益概念来说明最佳利润曲线（真够搞晕你的）。

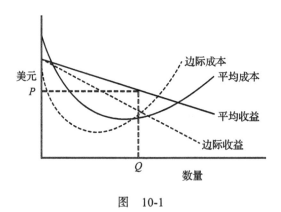

图 10-1

另一个搞笑的例子如图10-2所示，它试图通过"定价目标的选择"来得出定价。

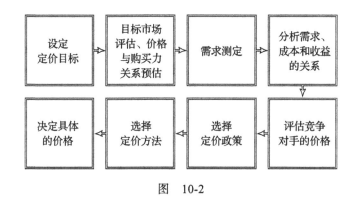

图 10-2

等到弄明白这个定价图表,恐怕好些竞争对手早已在市场上跑到前面去了。

你可能会说事实不会那样,人们一离开学校,其实就没人再去看那些教科书了。

那么好,就看看《定价圣经》(*Power Pricing*:*How Managing Price Transforms the Bottom Line*)[12]这本相对较新的书吧。这本书由哈佛大学的教授和德国的商业顾问合著,用 416 页的内容讨论了当今的定价概念和趋势。作者对此书很是自豪,它涵盖了"数理基础,价格、成本和利润三者关系,以及国际性、非线性因素对产品定价的影响,另外还有定制和绑定价格时间的内容"(足够让你晚上看书时睡着)。

如果你不知道这些复杂的理论究竟是谬误还是真理,这里给大家提供一些简单的定价准则,它们被市场一次次证明切实有效。这些准则多数都与复杂数学无关,而是关乎竞争。

价格应保持在一定范围之内。在确定的市场上,定价该在哪个范围会很快清晰。就像本章开篇普布利柳斯所说，"买家愿意支付的价格"是确定的。产品价格超出这个范围就会带来风险，让顾客质疑是否物非所值，给竞争者以抢去生意的机会。万宝路香烟在"万宝路星期五"事件中意识到了这一点，这天它宣布降低价格，股价急剧下降，但它开始赢回市场。

人们愿意为感觉得到的价值多付点钱。 保持在合适范围内，对于价格较高的商品，只要顾客觉得物有所值，他们就会考虑选择。

通过降低产品价格，宝洁公司让那些商店自有品牌的日子越来越难过。人们愿意为那些有实际价值的品牌货多付一点钱，当然不会多付太多。

高品质产品应该更贵。 人们会预期为更好的产品付更多的钱，但它更好的品质要真能体现出来。就像一罐Orville Redenbacher加料美食爆米花，它就要比一罐便宜的Jolly Time爆米花看上去更诱人，还能保证所有的谷粒都爆开。

如果一件北面（The North Face）户外夹克要卖更贵的价格，夹克上"确保干爽"的戈尔特斯（Gore Tex）面料标签会让人更愿意多付些钱。劳力士手表看上去就应该结实耐用。不过老实说，很多手表的价格只有劳力士的零头，同样看上去结实耐用。这就引出了下面一条准则。

高价位的产品应该提供声望。 如果花了5000美元购买一块劳力士手表，人们会希望朋友和邻居知道他戴了块什么牌子的手表,以表明自己是成功人士。豪华汽车也是如此。虽然不会承认,但人们花5万美元买辆汽车,就是为了给朋友和邻居留下印象。

这也是凯迪拉克阿兰特卖5万美元会面临大麻烦的原因。邻居会对一辆叫"凯迪拉克"的车留下什么印象吗?它有什么声望?邻居怎么会知道它要花5万美元?

对产品来说,高价位说明了什么?说明它价值非凡。事实上,产品价位高本身就是一个利益点(很多高价侧翼战借此成功,比如奔驰、绝对伏特加和Grey Poupon芥末酱)。

后来者通常以低价进入市场。如果市场已有强大的领导者,新进入的竞争者通常会采用低价策略。

领导者不能让新来者在市场上站稳脚跟。柯达就因为没有对富士低价策略做出快速回应,让富士胶卷立稳了脚跟。AT&T在阻击MCI低价攻击之前,MCI夺去了近20%的市场份额。

军事上防御侵略者,将军们有一种说法:"你首先应该在敌军涉水时进行阻击,这是他们最脆弱的时候。其次是在敌军尚在滩头时进行阻击,这时他们仍较脆弱,队伍尚未成形。绝对不能让他们登陆。"

史上最经典的品牌阻击战的获胜者,不仅防御了竞争对手的进攻,同时使自己快速成为全美药店最畅销药品。

这个品牌就是泰诺,这是强生公司麦克尼尔实验室研发的一种对乙酰氨基酚类产品。泰诺当时的定价比阿司匹林高

50%，是通过向内科医生和卫生保健专家进行推广而成为畅销药品的。

百时美施贵宝（Bristol-Myers）由此看到了机会。1975年6月，百时美施贵宝推出了"与泰诺一样解热镇痛，也一样安全"的对乙酰氨基酚类产品Datril。Datril宣称，不同的就是价格，100片泰诺2.85美元，而100片Datril的价格只有1.85美元。

百时美施贵宝所犯的一个错误，是将市场测试放在了它惯常做测试的市场——奥尔巴尼和皮奥里亚进行。竞争对手很容易就发现了这个测试。

在Datril广告正式推出前两周，强生通知百时美施贵宝，泰诺价格降至与Datril持平。强生还同时向药店发出通告，降低泰诺存货价格。

强生的应对及时有效，Datril的市场份额始终都没能超过1%。

与之同时，泰诺销量急剧攀升。泰诺阻击战让品牌至今保持着市场龙头地位，品类中只有第一没有第二，强生完全主导了这一市场。

高价和高利润会吸引竞争对手。就像蜂蜜对熊的吸引，高利润会吸引竞争者蜂拥加入，都想来分一杯羹。

明智的企业不会过度榨取市场利润。它们会保持合适的低价以达到市场垄断，防御新竞争加入。微软公司就是一个例子，它通过赠送软件来保持垄断地位，挤压竞争对手。

另有研究表明，对推动新产品销售来说，大幅降价得早会比来得晚更有效。

在一个新品类中，利润最大化总是具有很大的诱惑力。但要谨记，这同时会鼓励竞争对手看上这一市场，他们会说："嘿，我可以用低得多的价格提供同样的产品，而且还能赚钱。"

不要把顾客教育成盯着价格购买。有些品类总是在降价销售，走向自毁。貂皮大衣和床垫就好像从来没有按原价销售过。有时候，底特律汽车厂商已经让利很大了，市场上还是没有什么成交。最近在不停让利的，则是手机行业。

不能对价格竞争置之不理，但打折要有原则。可以把下面的列表记下来，等有人建议降价时，好好看看。

打折戒律

- 不要因为别人都在打折你就打折；
- 打折要有创意；
- 打折要能清理存货或带来额外销量；
- 打折要有时限；
- 确保折扣的受益者是终端顾客；
- 打折只是为了在成熟市场中生存下来；
- 尽快停止打折。

低价难以制胜。前面谈到，把自己定位为高价是一种侧翼战略选择，但选择"低价"作为战略就完全不同了。少有企业能用低价战略创造出满意的结果，原因很简单，因为竞争对手可以随时调低价格——所谓的低价竞争优势瞬间就没了。就像迈克尔·波特所说的："如果竞争者能够把价格降到和你一样低，那么降价往往是非理性选择。"

同样，只有竞争对手也跟随提价，提价策略才行得通。1997年的夏季，通用磨坊进行了平均涨幅为2.6%的提价，其他谷物食品生产商价格没变，结果通用磨坊核心品牌的销售额在下一季度下降11%。

除非与竞争对手相比，企业在低成本上具有结构性优势，否则低价策略不会奏效。美国西南航空公司（Southwest Airlines）相比其他主流航空公司，有结构性成本优势（不结盟、单一机型、没有预售系统，等等），由此才能成功地将自己定位为廉价航空公司。

相对于UPS和联邦快递，美国邮政服务公司（U. S. Postal Service）将自己的优先邮件业务定位为低价快递。它不提供吸人眼球的电子系统追踪和次日送达服务，多花一点时间送达以降低成本。虽然竞争对手可能正在考虑跟进降价，但美国邮政服务公司的这个策略目前看上去非常奏效。

价格会下跌。随着产能增加、汇率下降和竞争加剧，旧规则已被改变。商品价格正在往下走。这要求企业采取新战略，比如用一些独有的方式去增加价值。通用电气正在这样做，它提醒客户在全球开展业务的各种细微差别，并同时增强自己的服务能力，使客户无须再雇用服务支持人员。

有些企业通过滞销产品的停产来快速简化产品线，其结果是减少了失败产品，也减少了市场与利润的损失。

有些企业找到了让成本比价格下降得更快的方法。通过信息技术，企业缩减供应商数量，由此获取尽可能低的批量采购价格。

诀窍在于：面对现实，了解现实，利用现实。

确保在定价时包含推广费用。我们最常见到的错误，是在定价时没有计入建立品牌所需的费用。定价中通常会包含一定的营销费用，但往往并不足以为品牌建立起可被认知的价值。

人们常常还会忽略另一个问题：建立差异化品牌需要预先投入。有经验的营销人会"投资性支付"，不预期在过程早期得到收益，而是预期品牌建立后的销售回报。

如果没有钱向潜在顾客传递差异化概念，怎样去建立起可被认知的价值？我们在前面的章节中说过了：没有差异化，只能靠低价。

— 小 结 —

在竞争允许之下，
买家愿意支付的价格，
就是某样东西的价值。

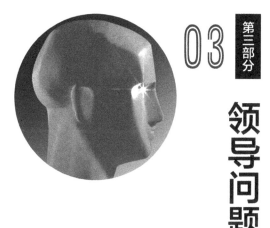

03 第三部分 领导问题

在当今竞争激烈的世界中,经营企业就像在战场上打仗,必须按"确保简单"(keep it simple, stupid, KISS)的军事设计原则行事。

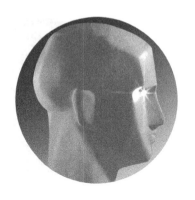

第 11 章

使命宣言
只会带来无谓的混乱

> 一班人脱掉领带和外套，
>
> 在汽车旅馆待上三天，
>
> 在纸上写上一堆文字——
>
> 然后回去继续工作，一切如旧。
>
> ——通用汽车奥兹莫比尔（Oldsmobile）分部总经理
>
> 约翰·罗克谈企业使命宣言

人们或许会认为，一旦企业理清了核心的差异化战略，坐下来把它写进企业使命宣言就是很简单的事了。

其实不然。

按理说，沃尔沃的差异化战略关乎"安全"，它的使命宣言就应该这样写："沃尔沃致力于制造世界上最安全的汽车。"

那沃尔沃有没有将类似这样的东西挂在墙上吗？没有。它的使命宣言有 130 个单词，"安全"一词直到第 126 个才出现（差点就把这个词给忘了）。

难怪沃尔沃正转移到流行的运动车型和敞篷车上，比如它的 C70。曾经的"坦克"造型（代表安全）消失了。如果沃尔沃继续这么做，它的业务也将消失。

使命宣言是商业中相对较新的一个现象。《商业策略杂志》（*Journal of Business Strategy*）的总编辑帕梅拉·戈特（Pamela Goett）讲述了其起源：

许多年前，一些大师提出，使命宣言对一家公司的成败至关重要。由此，很多公司组织高级主管奔赴各大高级度假区，去准备这份关键文件。主管都非常认真地对待这项任务，格外严肃地编撰（这就是那么多使命宣言听上去十分乏味的原因）。对使命宣言及愿景的热捧，和对皇帝新装的赞叹颇为相似。这是对虚幻和臆想满足的赞叹，事实上公司需要的是深入思考和计划，寥寥数语根本不足以产生效用。[13]

当下的普遍观点是，使命宣言定义了公司的成长方向。由此，公司花上几周、几个月对使命宣言的每个词反复推敲。

进一步观察，人们会发现已经有一个被广泛接受的创造使命宣言的程式。表11-1展示了这个程式各个阶段进行的内容，以及我们的评价。

表 11-1　使命宣言的诞生

第一阶段	设想未来 （无法做到）
第二阶段	形成使命宣言任务团队 （耗费重要人员时间）
第三阶段	拟定使命宣言文稿 （人多口杂—团糟）
第四阶段	公示使命宣言 （高挂在墙，置之一旁）
第五阶段	贯彻执行 （公司弄得—团糟）

据我们所知，这种做法给许多公司都带来了不必要的困扰，而收益近乎为零。

要想印证这一点,最好去翻一翻《使命宣言》(*The Mission Statement Book*)[14]这本书,它囊括了301家美国顶级公司的使命宣言。在《营销杂志》(*Marketing Magazine*)[15]的一篇文章中,一位叫杰里米·布尔莫尔(Jeremy Bullmore)的先生认真地统计了使命宣言撰写者最常用的词汇——这简直就是陈词滥调的大汇总。这是他对301个使命宣言的统计结果:

服务(230次)　　增长(118次)

顾客(211次)　　环境(117次)

质量(194次)　　利润(114次)

价值(183次)　　领导(104次)

员工(157次)　　最好(102次)

他还发现,这301家公司的使命宣言,很多都可以彼此互换。难道这些公司在互相抄袭?

随便摘取其中首字母为B的一些公司,看看它们的使命宣言(还有几家其他的)。Boise Cascade 公司写道:"持续提升公司对顾客、员工、股东和社会的长期价值"(这对处于任何发展阶段和地点的任何公司都适用)。

冰激凌制造商 Ben & Jerry 的使命宣言字数多一些:

我们致力于倡导和展示繁荣共生的新型公司理念,我们的使命由三位一体的部分构成。

产品使命:制造、配送与销售高品质全天然冰激凌及乳制品,口味创新多样,佛蒙特州奶源。

Ben & Jerry 的使命，根植于对公司内外每个个体的尊重，对所在社区的尊重。

（尊重个人值得支持，但 Ben & Jerry 若要成功的话，更需要对哈根达斯尊重一些。）

波音公司的使命宣言里写着"实现股东权益年回报率平均 20% 的基本目标"（想想空中客车公司和低迷的亚洲经济，就知道这不现实。波音该关注的是业务现状，而不是增长数字）。

甚至政府也开始撰写使命宣言了。美国空军是个最好的例子——"通过对天空和太空的控制与开发来保卫美国"（空中制霸确实是空军要做的事）。

美国中央情报局（CIA）的使命宣言差不多有 200 个单词，满溢其间的是母爱和博爱，就是没有只言片语提到查明真相这一核心问题。

可以清楚地看到，使命宣言对公司业务几乎起不到什么积极作用。Levitz 家具的使命宣言是"用优质产品和服务满足顾客需求和期望"（这个顶级的使命宣言也避免不了它的破产）。

所幸的是，大多数公司都把使命宣言安放在金色框子里，高挂在大厅墙上，日程满满的管理层根本就不会注意到它。

有一个简单的方法——管理层要忘掉"你想成为什么"，而把精力集中在"你能成为什么"上，这样才能产生实际的绩效。

这意味着要把最根本性的商业战略写入使命宣言中。使命宣言应该展示公司的差异化概念，并解释如何通过建立这一概念，击败竞争对手。沃尔沃的使命宣言应该谈的是安全，这才是它在市场上具有持续竞争优势的差异化概念。

波音的使命宣言要说的是如何在商用飞机行业保持领导地位，而不是股东权益的回报。

Ben & Jerry 的使命宣言应该谈的是如何让佛蒙特乳制品优于新泽西乳制品成为公认的金标准（哈根达斯位于新泽西）。

同时，使命宣言并不需要一个委员会花上好几个星期来拟定，一个 CEO 或某个高层人员花一个早晨的时间就应该能完成。使命宣言应简短为要。

施格兰（Seagram）公司的使命宣言有 10 个句子，198 个单词（读完它，你需要来上一杯上等苏格兰威士忌）。

老实说，如果 CEO 需要一个委员会来弄明白自己的基本业务，那么这家公司需要的是一个新 CEO，而不是使命宣言。

最后，不要只是把"我们能做什么"挂在墙上，要把这个基本业务的战略告知公司里的每一个人，并确保人人都能理解。让大家提问，而回答要清晰明确。

这才是使命宣言唯一的目的——确保公司里的每个人知道我们要做什么。

小 结

使命宣言含糊不清，就是公司方向不明。

第 12 章

领导力
如何领导队伍前行

> 欲先民，必以身后之。
>
> ——老子
> 中国哲学家和道家学派创始人

战略、愿景和使命宣言都基于一个简单的前提，那就是必须知道公司前进的方向。如果不知道方向，就无法让他人跟随。

很多年前，彼得与赫尔在《彼得原理》(*Peter Principle*)[⊖]一书中写道："今日组织中的每个阶层，都受制于种种传统规则和公共法则，以至于管理层根本无须带领方向和引领进程，他们只须因循旧规就好。这就像固定在船头的木雕人像，只是摆出引领航向的样子。"

或许就是这种对领导力的悲观看法，使得讨论领导力的书籍大量涌现（其中多数都极为愚蠢）。这种书给出了各种建议，关于榜样（比如匈奴王阿提拉）、关于成功（内心的安宁）、关于学习内容（失败）、关于追求（非凡魅力）、关于是否授权（有时）、关于是否合作（可能）、关于美国的秘密领导者（女人）、关于领导者特质（正直）、关于如何获得信任（守信）、关于如何成为真正的领导者（从内在找到领导力），还有关于领导力的 9 个自然法则（根本别提了）。现时统计，多达 3098 本书的书名里提及"领导"。

⊖ 该书中文版已由机械工业出版社出版。

事实上，怎样成为有效的领导者，根本不用花一整本书来论述。彼得·德鲁克几句话就说清楚了："成为有效领导者的基础，是厘清组织的任务，明确地定义和确立它。领导者要确立目标，设定优先次序，建立和保持标准。"

首先，找到正确的方向。想要成为伟大的战略家，就必须深入市场去思考。领导者必须深入市场一线以获得信息，从潜在顾客心智中上演的商战中获得灵感。

世界上最伟大的军事战略家几乎都成长于底层，这不是什么秘密。他们熟悉战况，以此作为自己的优势。《战争论》作者克劳塞维茨并未在顶级军事院校进修过，也没有任何上级对其进行过培训，他的军事战略能力的获取，源自最好也是最艰难的方式——亲历军事史上最恶劣和最著名的多场战役，参与一线作战。

谦逊的山姆·沃尔顿一生中亲身走访了每一家沃尔玛分店，实地考察。他甚至出现在半夜的装货码头，与装卸工交流。

多数的首席执行官并不像"山姆先生"，他们天然地喜欢远离一线。公司越大，这种倾向越明显。这或许就是阻碍公司发展至关重要的因素。

除此之外，其他方面都支持公司规模越大越好。市场营销就是战争，战争的第一原则就是兵力原则。公司规模越大，就像军队规模越大，优势也就越明显。然而，如果大公司在顾客的心智之战中忽视了聚焦，也会失去一些优势。

在通用汽车，罗杰·史密斯和罗斯·佩罗以不同的作风,对此做出了佐证。罗斯就任通用汽车董事会成员时,周末经常去卖车现场考察,他批评罗杰没有这样做。

他说:"我们要彻底改变通用汽车的这种作风。"他提议公司取缔了私人豪华车库、配备专职司机的豪华轿车以及主管专属餐厅。

汽车公司的管理人员竟然还配备专职司机?高管层和市场脱节,是大公司面临的最大问题。

如果 CEO 日理万机,他该如何及时收集到各类真实信息?如何在报喜不报忧的中层管理人员中免受误导?如何在获得好消息的同时也听到坏消息?

没有听到坏消息,它不仅继续存在,还会不断繁衍滋生。看看下面这则寓言吧。

计划

开始是做个计划。

接着来了个设想。

设想无边无际。

计划脱离了实际。

工人

工人脸色不佳,对组长说:

"那是一坨狗屎。"

组长

组长找到部门主管,说:

"那是一桶粪，臭得人人受不了。"

部门主管

部门主管找到经理，说：

"那是一集装箱粪便，十分强劲，没人受得了。"

经理

经理找到总监，说：

"那是一船肥料，威力无人能抵。"

总监

总监找到副总裁，说：

"它促进成长，威力无比。"

副总裁

副总裁找到总裁，说：

"本项新计划强而有力，将积极促进公司成长和提升公司效率。"

政策

总裁看了计划，感觉真不错。

新计划获批，新政策形成。

获取真实市场信息的方法之一，是"微服私访"或者突然查访，这对经销类和零售类企业非常适用。从很多方面来看，这都像国王乔扮成平民，混迹于百姓，其目的是获取一线的真实信息。

如同国王，CEO 很少能从下属那里获得真实信息。宫廷里套路太多。

如果有销售团队，那么销售人员是真实信息的重要来源。从他们那里可以获取到的关键信息，是对竞争形势的切实评估。CEO 需要对提供真实信息的人予以褒奖，一旦人们知道高层重视和倡导实话实说，真实的信息就会随之涌现。

问题的另一方面是如何合理分配时间。总是有太多的工作让 CEO 无法抽身前往一线，包括太多的董事会会议、委员会会议、获奖宴会等。调查显示，CEO 平均有 30% 的时间花在"外部关系"上，同时每周要花上 17 小时准备会议。

公司高管平均每周的工作时间是 61 小时，那处理其他事务的时间就只剩下 20 小时了，这其中包括内部的运营管理和市场一线的走访。

难怪 CEO 通常会把市场考察授权别人去做。而这绝不应该。

市场营销是如此重要，以至于根本不能授权下属去做。如果真要授权什么，那就把担任下一轮资金募集主席身份的任务授权给别人吧（或许你已注意到，参加国家葬礼的是美国副总统而非总统）。

下一个要压缩的是会议时间。与其在会议室里与一帮人空谈，不如亲自出门去看看。里根总统首次访问苏联时，戈尔巴乔夫总书记说："百闻不如一见。"

商业中想要胜出，必须对商战的战略精心研究。企业必须了解竞争，必须了解竞争对手在顾客心智中的强势和劣势，从而找到在心智战场上可以奏效的差异化概念。

随后企业要集中精力形成一套系统的战略，去推进这个营销概念。

企业必须善于根据外部情况来调配内部组织和资源，以把握机会。

一切看行动。你可以从一个人嘴里是否经常挂着"应该"这个词，来判断他是不是合格的领导者。当某个可行的建议出现时，某些所谓的领导者通常会说"我们应该这样做"。你会发现，他"应该"去做的事越积越多，真正落实到行动的却乏例可举。

最好的领导者会跟下一代分享他们的智慧。密歇根商学院的教授诺尔·迪奇（Noel Tichy）说："伟大的领导者必须是伟大的老师。"他举例，通用电气备受尊敬的主席兼CEO杰克·韦尔奇，有30%的时间用于培训领导力（甚至每周都在公司的管理培训学院授课）。迪奇教授说："那是他发挥影响力的地方。"

英特尔公司CEO安迪·格鲁夫（Andy Grove）亲自在新经理培训中授课。百事CEO罗杰·恩里科（Roger Enrico）在担任副主席期间，曾在一项持续18个月的高潜能主管培训中授课110天。

最好的领导者知道，仅有方向并不足够，他们是故事的演讲者、拉拉队长和推动者。他们通过言行来强化大家的方向感和愿景。

在航空业，最杰出的领导者当属美国西南航空主席赫伯·凯勒赫（Herb Kelleher）。他是低价、短途航空业务之王。年复一年，西南航空都出现在"最受尊敬公司"和"最佳盈利公司"的排行榜中，从不缺席。

乘坐过西南航空飞机的旅客，会发现它的乘务人员精神昂扬，热情洋溢。他们甚至颇具幽默感，曾有乘客描述："我们在一辆简陋的牛车上飞行，充满欢乐。"

所有认识赫伯的人都知道，这家航空公司的个性就是赫伯的个性。赫伯是个绝佳的拉拉队长，他令这些飞机起飞，鼓舞员工激情饱满地飞行。这就是赫伯的"必以身后之"。

赫伯也非常了解自己的公司和员工。在一次会议中，我们建议赫伯收购东海岸一个待售的短程航线，以使西南航空在东部地区快速建立地位。

他思考片刻，说："我当然想在纽约、华盛顿和波士顿拥有它们的登机门，但是我不想要它们的飞机，尤其是不想要它们的人。"

显然他是对的。要鼓舞那些东海岸短途航线的员工是不可能的。

赫伯也展示了最佳领袖的另一项特质：能让企业充满活力，并成为企业的代言人。在大通曼哈顿银行全盛时期，大卫·洛克菲勒通过拜访外国元首来制造新闻，他营造出就像自己是国家元首一样的效果。

同样，在克莱斯勒的全盛时期，李·艾柯卡就代表着克莱斯勒公司。

比尔·盖茨也代表了微软公司。他看起来像个计算机狂，说话也像个计算机狂，他的家就是计算机狂该有的那种住所。

对于比尔·盖茨，大家耳熟能详，但是迪诺·卡托帕斯（Dino Cortopassi）相对就没那么出名了。他是"正宗意大利番茄酱"之王，美国6万多家正宗意大利比萨店和餐馆的番茄酱都由其供应。

迪诺就代表了"正宗意大利"，这是他的差异化概念。他在意大利拥有别墅，会做香肠，养着葡萄园，有着私人室外地滚球场。他每年到意大利探亲访友，给重要的客户寄送自家的橄榄油。就像盖茨主导着软件世界，迪诺主导着新鲜包装番茄和番茄酱市场。

一个吸引公众关注的领导者，对赢得顾客和潜在顾客甚为有效。这样的领导者能为公司带来独特的信任状（德国人对乔治·巴顿非常敬仰，以至于盟军用他来当诱饵）。

此外，军人会因跟随这样的将领而战备感自豪。他们本能地信任他。没有信任，就没有追随。没有追随者，也就谈不上什么领导。

小 结

优秀的领导者，在于知道方向。

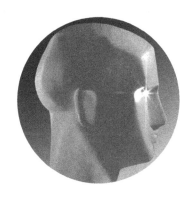

第 13 章

远期规划
仅仅是一厢情愿

> 如果某人说企业家基于事实而非假想来经营，
> 那是他根本没看过既往那些5年预测。
>
> ——马尔克姆·福布斯

远期战略规划不会发生作用，除非竞争对手的规划也同时由你来制定。然而许多CEO却认为，若要实现公司的使命宣言，复杂的远期规划甚为必要。

假如莎士比亚复活而担任了CEO，他一定会把公司里的远期规划者和律师统统干掉，并有十足的理由。远期规划对施乐公司在办公自动化领域的竞争中胜出没有丝毫帮助，远期规划也丝毫阻止不了通用汽车在过去20年中失去15%的市场份额。

远期规划源起于20世纪60年代早期，通用电气是这种战略规划的先锋。通用电气组建了一个庞大的专业规划团队，集中谋划未来。麦肯锡咨询公司协助通用电气，将每个产品线作为战略业务单位，为每个产品线单位界定竞争，评估各单位在竞争中所处的位置。

远期规划真正的兴起则始于1963年。在创始人布鲁斯·亨德森（Bruce D. Henderson）的领导下，波士顿咨询集团（BCG）成为贩卖战略工具的先驱。BCG创造了一系列概念，风行美国商界，其中包括"经验曲线"和"增长与市场占比矩阵"。

如今，商业人士可以听到各种各样有关远期战略的讨论，就像"战略意图""空白机会""共同进化"等话题。

没听说过"共同进化"吗?那是关于"商业生态系统"的概念,在这个生态中,不同公司既相互合作,又相互竞争,由此将创造出下一轮的商业革命(听起来就像是个梦境)。

这个概念出自一本名为《竞争的衰亡》(*The Death of Competition*)的书。它的问题是:如果竞争都衰亡了,那你的生意究竟被谁抢去了呢?

透过这些荒谬的规划,可以发现远期规划存在着一个致命缺陷,那是一个再简单不过的道理:未来无法预测。历史上大胆的预测不计其数,几乎都以失败而告终。以下是众多预测失败例子中的几个:

- "飞机很有意思,但没有军事价值。"——法军元帅马歇尔·斐迪南·福熙(Marshal Ferdinand Foch),法国军事战略家,1911 年。
- "马车永不过时,汽车只是新鲜玩意,一时的风潮。"——密歇根储蓄银行(Michigan Savings Bank)总裁,劝告亨利·福特的律师不要投资福特汽车公司,1903 年。
- "这家公司弄出来个电子玩具能有什么用?"——西联(West Union)汇款总裁威廉·奥顿(William Orton),拒绝以 10 万美元收购亚历山大·格雷厄姆·贝尔经营艰难的电话公司。
- "见鬼,有谁会想听演员说话?"——哈里·华纳(Harry

Warner），华纳兄弟公司，1927 年。
- "人们不喜欢他们的声音，吉他乐队已经过时了。"——迪卡唱片公司（Decca Records）拒绝披头士乐队时所言，1962 年。
- "个人在家里放一台计算机，这没有道理。"——肯尼斯·奥尔森（Kenneth Olsen），数字设备公司的创始人兼总裁，1977 年。

未来无法预测，发现正在发生的趋势才是可行之事。比如美国人追求健康的趋向，显然已经被很多产品注意并加以利用。

另外，美国人时间不够用也成为趋势：夫妻同时就业使得时间越来越少，连去趟干洗店的时间也没有了。"通勤者洗衣服务"应运而生，他们在火车站点收取和送还衣服（真是个好想法）。

不过发现趋势常会被错误理解，变成了预测趋势。如果根据近年来对红肉消费趋势的预测，我们现在每个人都应该在吃烤鱼或木炭烤鸡了。事实是，现在的红肉消费量却上升了（香烟消费量也一样）。人们普遍性的习惯改变起来非常缓慢，而媒体常常会把一些细微的波动性变化进行放大。

跟预测趋势同样糟糕的是，人们去假设历史会在未来继续。与预测未来发生某事的性质相同，假设历史不变其实也是在预测未来。谨记，意想不到的事情总会发生。

"未来主义"正发展成为一个行业。未来主义者忙着利用明天来赚钱。

所有这些都是从 H. G. 威尔斯（H. G. Wells）、儒勒·凡尔纳（Jules Verne）和乔治·奥威尔（George Orwell）这些人开始的，他们借着科幻作者之名实行未来主义以图钱。现在事情发展到了极其糟糕的境地。阿尔文·托夫勒（Alvin Toffler）（因《未来冲击》（*Future Shock*）一书出名）甚至计划推出一档名为《未来新闻播报》（*Next News Now*）的晚间电视栏目。托夫勒说："电视有历史频道，但没有未来频道。我们要改变这一现状。"

这些是非凡的远见，还是自古在玩的预言把戏？对此，"未来学院"的保罗·沙弗（Paul Saffo）的回答堂而皇之："我的工作是帮助客户尽可能地拓展视野。"

就算未来主义者本身，也开始对预言这一行当心生不安了。"未来主义并不能预测任何东西"，流行文化编年史《网络世界》（*Cyberia*）一书的作者道格拉斯·洛西科夫（Douglas Rushkoff）说："这简直是最高科技，它创造了一个未来。未来主义者将客户置于恐惧之中，然后声称自己握有拯救他们的秘诀。"

预测未来之所以困难的原因之一，是你不能够依靠调研去探测未来。

就在几年前，只有少数大公司才会使用传真机。今天，传真机已成为办公室的标配，而且正迅速从办公室走向家庭。传真机是美国的发明，其技术、设计和改进都源自美国，美国制造商也生产出了可供销售的传真机。但是现在，美国出售的传真机没有一台是本土制造的。

美国公司并没有把传真机投放到市场中，因为市场调研表明，这种产品没有需求。在产品正式上市前无法调研出其真实需求，这是众人皆知的事实，但调研人员总是忍不住会去找人询问："你愿意花1500美元买一个电话机的附件吗？它可以让你按每页1美元传送信笺，如果通过邮局递送则是25美分。"可以想象，答案显然是"我不愿意"。

如果想让规划奏效，就必须先让程序简单。下面是更好、更简单的规划方式：

1. 告诉员工，预测未来只是一厢情愿的行为，拟定那些深入细节的"战略剧本"完全是浪费时间。

2. 告知每个人，战略规划的真正价值在于明确业务方向，提供在竞争中取胜的方法。

3. 告诉规划团队，要和不同业务部门的负责人一起讨论，针对各种经济假设拟定不同的方针与政策。

4. 向大家强调，公司需要的是一个简要切实的"飞行计划"用以指引方向，并非要求得一份按部就班去执行的老式计划。

对小公司来说，这些都不会是什么问题。他们不会搞一个专门的规划团队，忙着去倒腾一份预期有两磅⊖重的报告。

《华尔街日报》[16]报道过威而猛食品（Waremont Foods）公司的CEO比尔·隆（Bill Long），威而猛经营着从俄勒

⊖ 1磅=0.4536千克。——译者注

冈州塞勒姆市到爱达荷州法尔斯市的 25 家食品店。自从隆于 1985 年担任 CEO 以来，威而猛食品公司的市值上涨了 1500%，达到 2.15 亿美元。

倘若谁去问比尔·隆，公司未来的 5 年规划是什么，那就等着挨训吧。隆会吼道："我怎么会知道！你告诉我，5 年后，我的顾客会跑到哪儿去了？还有，我的对手、我的投资人、我的供应商呢？"

倘若谁提出要看看他的战略规划，他的反应还是一样。他会说："印好的战略书都是死的！你不需要什么框定的战略，需要的是随机而定的决定。"

比尔·隆是我们同道中人。

也许，你想知道最先实施战略规划的通用电气现在怎么样了？情况令人吃惊：通用电气早已不做远期规划了！杰克·韦尔奇撤销了通用电气的专业规划团队，把制定战略的责任下放到 12 个业务单位。公司每 4 天进行一次高管会议，讨论的是短期战略，以及对 4 年内的展望。他们关注的是新产品和竞争对手的最新情况。再也没有精致封装的报告书了。

杰克·韦尔奇也是我们同道中人。

小　结

一厢情愿是童话，企业须应对的是现实。

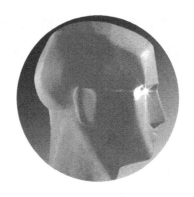

第 14 章

组织
越简单越好

第14章 组织

> 我们遇到敌人了,
> 那就是我们自己。
>
> ——Pogo
> 美国知名漫画人物

正确的战略行为,源自优秀组织的驱动。不幸的是,大型组织是如此复杂,以致常常发生不同部门间工作彼此抵消的情况。

我们在为一家大型电信公司提供咨询服务时,了解到它开发了一项应对网络中断故障的技术。公司耗费巨资建立了一套"自我恢复"系统,能在短短数分钟内重新连接故障网络,恢复通话。我们强烈建议公司将这项技术作为其核心的差异化概念,随后却发现公司某个部门早已把这项技术转卖给竞争对手了!

如果公司各部门不能以同一方式协同运作,即使拥有最佳的战略和财务体系,甚至其中某一部门做到了世界顶级优秀,整体而言也远远不够。

彼得·德鲁克有一个最棒也最简单的比喻,他把组织比作大型交响乐队。德鲁克提醒,不应该再沿用典型的大公司组织方式,这会产生一个董事长指挥、多个副董事长指挥和无数的副总裁指挥。

指挥应该只有一个,所有专业乐手都直接听从于他,因为每个人要演奏同一首乐谱。换而言之，专业经理和最高层之间不需要额外的协调人。组织就像个强大的任务团队，达到完全扁平化。这种方式的优点，是避开了刻板僵化、等级层层的组织架构图，免受其困。

1970年出版的《领导箴言》（*Up the Organization*）是一本好书，作者罗伯特·汤森（Robert Townsend）就有效组织提出了类似观点。他提到："优秀的组织是个生命体，遇到挑战会自己长出新的肌肉。层级架构图会降低人们的士气。没人愿意承认自己低人一等，好公司也不会提醒谁低人一等，但层级架构图总是在提醒你。如果非要传达什么材料，就用一个活页式的组织一览表（就像报刊头栏罗列的名单），不要把人名放在层级方框里。尽可能按人名或职能部门的字母顺序排列。"

成为优秀组织的关键，是每个人都专注于同一张乐谱上。

企业集团一直发展不佳的原因，在于一个大厅里有太多乐队在演奏，而且彼此在演奏不同的曲目。

如今合并企业成为多元化集团的做法业已过时，取而代之的是让专业企业成为行业第一。

正因如此，西屋电气集团低价出售了它的电力系统和国防产品线，转而加强在广播业扩张。现在，西屋电气集团的名字变成了哥伦比亚广播公司（CBS Corp）。新交响乐队的CEO和指挥是迈克尔·乔丹，现在它可以聚焦于电视和广播业务了，成了这个领域的领导者。

西屋电气集团是美国著名的老牌公司，但怀旧无助于解救这种资本密集型行业中的企业，它们普遍受困于产能过剩。残酷的现实令许多行业遭遇重创，包括钢铁、化工、炼油、汽车制造、半导体和部分零售业。如果真如某些观察家所言，明年过剩产能情况继续恶化，势必将引发更猛烈的降价和利润流失，最终小企业将被大企业并购。

很多高管被迫面对一种境地，那就是不停地做出业务收购或出售的决定，又或者是必须既收购又卖出。行为表明，他们一直在多元化和聚焦发展之间犹豫不决。但是乔丹先生只有一项主导性业务，所以完全没有这种烦恼。

在竞争日益加强的全球经济中，演奏多种不同的曲子实在太困难了。很多公司选择跳出复杂的多元组织，回归到它们确定能胜任演出的单一乐曲上。

- 伊士曼柯达公司卖掉了 Sterling Winthrop 药品部门和另外两项业务，聚焦于其核心的胶卷业务。
- 西尔斯百货卖掉了好事达保险、添惠零售证券经纪和科威不动产经纪，聚焦在零售业上。
- 默克放弃了几乎所有的非医药类业务。
- 健力士公司放弃了啤酒和烈性酒之外的所有业务。
- 联合碳化物公司卖掉了所有非核心业务，并裁员90%。

组织"乐队"有两种方法。

大公司可以安排不同的乐队，为不同的特定听众演奏乐曲。这就是多品牌战略，可以适应需求多变的市场。贺曼公司（Hallmark）是贺卡领域的主导者，它拥有经典的贺曼系列、低价的"大使"系列、针对宠物主人的"宠物之爱"系列和"鞋盒"幽默系列。这些系列联合起来，几乎占有了一半的市场份额。

旺多姆奢侈品集团（Vendome Luxury Group）安排不同的乐队演奏"奢华"主题曲目。公司旗下品牌包括卡地亚珠宝、登喜路男士用品、万宝龙钢笔、伯爵和名士钟表，以及其他奢侈品。

作为某个品类中的较小型公司，只能是一个专业乐队。沃尔沃汽车演奏"安全"，实耐宝（Snap-on）在大型货车里演奏"工具"，布洛克（H & R Block）在税务咨询中演奏"纳税申报"，太阳计算机系统公司（Sun）在 UNIX 驱动系统下演奏"工作站和服务器"。

演奏一种音乐既简单，还能创造更佳业绩。

- 箭牌演奏"口香糖"，赢得了 37% 的净资产回报率。
- 英特尔演奏"芯片"，既往 10 年赢得了 20% 的年均增长率。
- 康柏演奏"零售计算机"，赢得了 30 亿美元销售额。
- 卡拉威演奏"超大号高尔夫球杆"，成为美国最大的高尔夫球杆制造商。

聚焦奏效源于这样一个事实：我们在某段时间内做一件

事情甚至都难以做好，更何况做两件？人们确实有能力做很多件事情，因为人类是一种"多用途工具"。然而集众人之力去攻克一项更宏大的任务，是最能发挥人类多项能力的方式。这就是集中策略，让所有人投入创造一项成就之中。

我们可能会想到，那些能够同时抛接好几个球的杂技演员。其实，就算是专业杂技演员，这样做也只能持续10分钟左右。持续下去，球就会掉光。

猜猜花旗集团和旅行者集团合并之后，所有的球还能不能都在空中？我们认为，合并后的大集团难免会陷于复杂组织之困。

最后谈谈分权。继续用乐队做比喻，公司把乐队不同声部的控制权交给了不同的指挥。

传统智慧认为，分权是件好事，可以更贴近市场。在我们看来，分权并非好事。它分散企业力量，增加复杂因素，让聚焦行动变得尤为困难。

如果组织不能凝聚起来果断行动，只是贴近市场并无优势可言。就像国际电话电报公司（ITT），它现在复杂无比，根本无法管理。公司正在出售哈罗德·杰宁（Harold Geneen）担任总裁期间收购的大多数业务。但是，真正的问题在于公司的核心业务——电信。在这一领域，ITT本该与IBM及AT&T处于同一梯队。

雪上加霜的是，公司最终放弃了电信业务——ITT皇冠上的明珠。现在，一家法国国有集团公司Compagnie General d'Electricite 拥有了原 ITT 的电信部门。

我的前合伙人艾·里斯（Al Ries）出版了《聚焦》（*Focus*）⊖一书，着重讨论了分权：

> 排除变化因素，一家分权的公司会比一家集权的公司更富效率、更具绩效。显然，分权增强了运营部门管理层和员工的责任感。但一家分权的公司，如何聚焦于共同发展呢？做不到。分权丧失了高层管理为公司指引方向，并根据市场变化调整方向的能力。分权更富效率，但不能有效应变。

经营一家效率稍逊但权力集中的公司，可以在市场需要时迅速地集力行动，灵活应变。员工最终会选择那些市场赢家，即使失败公司给予再多权力激励，也于事无补。

数字设备公司就是分权论的受害者。经过一番庞大的重组，这家公司变成了一堆半自治的业务单位，这些业务单位有权自己确定广告、定价和营销战略。随着分权进行，公司眼看着自己在 64-bit 工作站领域失去了领导地位。现在这家公司已走向消亡，它被康柏收购了。

就定义来说，分权公司不可能统一聚焦于一项正确的战略行为。它只能作为一个汇集财务结果的中心，并将这些财务结果分发给投资人和分析师。分权公司最大的弊端是它丧失了顺应市场去把握新一代概念的机会。

⊖ 该书中文版已由机械工业出版社出版。

3M公司是广受人们喜爱的分权公司。这家公司全力以赴地制造出各种各样的"涂层"产品（最新统计有66 000种），然而它看起来总是缺乏革命性的新品，无法让公司更进一步。3M公司最近的大赢家产品是报事贴（Post-it），那已是1980年的发明了。

1988年以来，3M公司的销售额增长了33%，而利润并没什么起色。分权之下，3M公司很容易就错失了那些实验室中潜在的伟大发明。

这家公司实在太复杂了。太多的人朝着太多的方向努力，他们缺乏清晰的战略方向和聚焦。

在这样的公司里，只有声响，没有音乐。

小 结

未来属于组织良好、聚焦得力的公司。

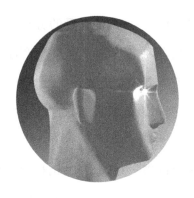

第 15 章

营销
将简单概念转化为战略

第 15 章 营销

> 从完整意义上说,营销就是商业的本质。
> 所以,它最好由老板及其团队负责,
> 而不是交由员工去争论。
>
> ——罗伯特·汤森
> 《领导箴言》作者

如果 CEO 负责指挥交响乐,那么营销人员负责监制音乐编排。

学者们写了许多大部头著作,讨论营销的复杂性及其功能。广告代理公司和咨询顾问则构建出各种复杂的系统,用以打造品牌。有个典型的例子出自一家英国咨询公司,它提出一套系统,宣称品牌在顾客心智中存在 9 种定位:功能需要、客观效果、功能作用、属性、核心评价、心理动机、心理作用、主观个性和心理需要。最后,顾问把这 9 种定位归结为一个"桥式矩阵"(见图 15-1)。

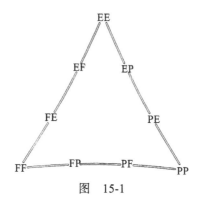

图 15-1

（救命！我被困在桥上了，不得动弹！）

另一个复杂例子如下，某些广告公司正在推行（见图15-2）。

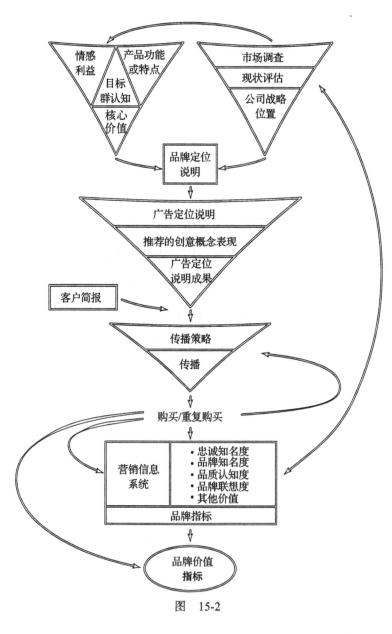

图 15-2

这里用两句话就可以概括营销的实质：首先，营销的责任是确保大家在演奏同一首乐曲；其次，营销的任务是把乐曲或差异化概念转化为一致的营销方向。

差异化概念则需要深入思考。什么概念？如何找到？这些是必须回答的关键问题。

为了回答这些问题，建议使用这个定义——差异化概念**是一个竞争性心智切入角度**。

第一点，差异化概念必须基于**竞争性**，才可能取得成功。也就是说，你并不一定需要一项更好的产品或服务，但必须具有差异化特点。它可以是更小、更大、更重、更便宜或更贵，它还可以是不同的销售渠道。

此外，这个差异化概念必须在整个市场竞争中行得通，而不仅仅是相对于某一两个竞争产品或服务。例如，大众汽车在20世纪50年代后期"首次"推出甲壳虫小型车，就是一个很好的差异化概念。当时，通用汽车只制造大型、重镀铬的汽车。甲壳虫一经推出，火速走红。

其实，甲壳虫并不是首次出现在市场上的小型汽车，但它确实是第一个在人们心智中占据了"小型"定位的汽车。甲壳虫将自己的车型小作为卖点，而其他汽车公司叫卖的都是"宽敞"，甚至还会因车型不够大而致歉。

大众汽车在广告里说："想想小的好处。"

新概念负面的例子是沃尔沃汽车，它新推出了运动车型和敞篷车。完全看不出来，这个概念相对于宝马、奔驰和奥迪有什么竞争性。

第二点，差异化概念必须基于一个**心智**的角度。也就是说，商战发生在潜在顾客的心智之中。

一方面，可以忽略在心智中不存在的竞争对手。当约翰·施耐德推出棒！约翰比萨时，市场上提供外送服务的比萨店有很多，但没有一家在顾客心智中占据"更好馅料"的定位。

另一方面，有些竞争对手享有极佳的概念，但好像与事实并不相符。这时候反而要注意，甄选概念时必须考虑的是心智认知，而不是事实。

第三点，一个竞争性心智切入**角度**，要找准登陆心智的某个点，是它让营销规划得以奏效。必须利用这个点，去取得成果。

但是，仅有一个概念显然不够。为完成整个过程，必须把这个概念转化成一个战略（如果视概念为钉子，战略就是锤子）。在心智中建立定位，此二者缺一不可。

什么是战略呢？战略不是目标。战略就像生活本身，注重的是过程而不是目标。自上而下的思考者以目标为导向，先决定要达成的目标，再规划实现目标的途径和方法（详见第17章）。

然而大多数目标是无法实现的，设定目标就像是不停地进行挫折练习。营销如同政治，是关乎可能性的艺术。

罗杰·史密斯于1981年接管通用汽车时，预期公司要在美国国内三大传统轿车市场上占据70%的份额。1979年，它的市场份额是66%。为了实现这个目标，通用汽车实行了一个耗资500亿美元的现代化规划。罗杰搞砸了。

现在，通用汽车在美国国内三大市场的份额是30%，而且还在继续下降。罗杰的目标根本上就是无法实现的，因为它没有建立在一个可行的概念上。

战略不是目标，而是"**一致性的营销方向**"。首先，战略必须有"**一致性**"，它要围绕既定的概念展开，贯彻始终。大众的小型车概念获得了巨大成功，但它没能把这个概念上升为一致性的战略。大众汽车后来自己不去想小的好处了，而在美国市场上推出了一系列的大型、快速和豪华的轿车。而这些概念，原本早就被其他汽车所占据。大众为日本汽车探明了道路，最后日本车接手了小型车市场。

其次，战略是一系列的**营销**活动。产品、定价、分销和广告——所有的营销活动都必须紧紧围绕差异化概念而展开（差异化概念好比是特定波长的光线，战略就是将光调整至这个波长的发射器。要占据潜在顾客的心智，差异化概念和战略必须兼备）。

最后，战略是一致的**方向**。战略一旦既定，方向就不可改变。

战略的目的，是调动资源去抢占差异化概念。集中所有资源用在一个战略方向上，就能最大限度地推进与利用好这个概念，而不是受某个既定目标制约。

企业要寻找什么？要寻找到一个角度——某个事实、某种看法、某种观念、某种意见，探寻到它们，以在潜在顾客心智中建立起对抗竞争者的位置。

以洗衣剂为例，洗衣剂广告提示顾客关注什么？洗衣干净。汰渍宣称让衣服"变白"，奇尔（Cheer）让衣服"比白更白"，Bold一直宣传"亮丽"。

你看过一个人把衣服从干衣机里拿出来的过程吗？如果看了洗衣剂广告，你也许会想取衣服的人需要带个太阳镜，以免被衣服的亮光伤到眼睛。

实际上，大多数人根本不会去看洗好的衣服，但总是会去闻一闻，判断气味是否"清新"。联合利华寻找到了这一点，由此推出了Surf。这种洗衣剂唯一的卖点是双倍香料。结果，Surf在美国洗衣剂市场上夺取了35亿美元的销量。

你见过某位上班族买一杯咖啡带上班车吗？他会很小心地在盖子上撕开一个小口，这样在途中喝咖啡就不会打翻了。

Dixie公司Handi-Kup部门的某个员工留意到了这一点，于是这个部门推出了一种带有饮用口的塑料盖。

有些角度很难被发现，因为顾客会用一种负面的方式来表达。康胜发明了淡啤（至今康胜普通啤酒都比米乐淡啤的卡路里还少），但是康胜忽视了自己的发明，直到米乐公司推出了淡啤。

本来是很难忽视的。在米乐淡啤面世之前，丹佛酒吧的任何一个酒保都会告诉你，顾客是怎样点康胜淡啤的——"给我一杯'科罗拉多酷爱饮料'（Colorado Kool-Aid）㊀"。他

㊀ Colorado Kool-Aid是美国乡村歌手Red Sovin创作的一首上榜歌曲，歌中提到了康胜的淡啤，并用Colorado Kool-Aid代称。——译者注

们的话听上去根本不把它当啤酒，却表达了满满的喜爱。

康胜本可以通过大规模广告抢占淡啤的代表地位，但它没有这么做。米乐做了，所以米乐成为第一家成功的淡啤公司。

大多数角度难以被发现，是因为它们一开始看上去并不像大赢家（如果看起来像的话，那么其他人可能早就用上了）。营销炸弹一经点燃，就会瞬间炸开。

阿尔贝·加缪（Albert Camus）说："伟大的概念就像鸽子那样轻柔地来到这个世界。如果那时，我们仔细聆听，我们会在帝国和民族的喧哗声中，捕捉到微弱的翅膀拍动声，那是生命和希望的温柔翼动。"（详见第 16 章）。

人们看到第一瓶米乐淡啤时，会问"这个品牌会成为美国最畅销的啤酒之一"吗？还是会问"又一个 Gablinger's"（第一种低卡路里啤酒）？

人们看到第一家玩具反斗城（Toys"Я"Us）时会问"这将成为百亿美元的企业，占据美国 1/4 玩具市场吗"？还是会问"它为什么把 R 反过来"？

1955 年，你会付 950 美元买下麦当劳的特许权，还是会在排队时自言自语："他们 15 美分一个汉堡怎么赚钱呢"？

1958 年你购买施乐股票了吗？1968 年你购买安迪·沃霍尔（Andy Warhol）⊖的汤罐了吗？1979 年你购买曼哈顿的公寓了吗？

⊖ 安迪·沃霍尔是一位艺术家，他在 1962 年因展出汤罐和布利洛肥皂盒"雕塑"而成名。——译者注

你有没有收藏自己的棒球卡、超人漫画书？

机会很难被发现，是因为它们看上去不像机会。它们看起来像某种角度——一种淡啤、一款更昂贵的汽车、一个更便宜的汉堡、一家只卖玩具的商店。营销的任务是利用那个角度或概念，将其转化为战略，从而释放它的力量。

作为比萨店领导者，必胜客本可以在棒！约翰刚开出一两个店时就封杀它。棒！约翰一旦得到机会，便把"更好的馅料"发展为了战略，在全美范围建立起店面连锁。战略让棒！约翰有效地进入心智，占据了差异化概念。

概念决定战略，战略推动概念。如果说谁比谁重要，就是不了解营销过程的实质。两者之间的关系，才是营销成功的关键。

飞机设计中哪一个更重要：发动机还是机翼？两者都没有更重要。它们之间的关系，决定了所设计的飞机能否从跑道上起飞。

概念让企业与竞争对手有了差异化，而战略为企业腾飞插上了翅膀。

小 结

亮出你的概念。

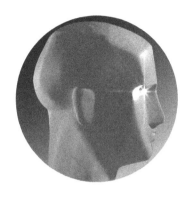

第 16 章

新概念
拿来主义最简单

> 概念对你的问题是个新解答，
>
> 这就够了。
>
> ——托马斯·爱迪生

有些公司为得到新颖概念，竭力把构思过程变成了一门玄学。

在辛辛那提郊区的一幢旧楼上，人们在用玩具枪向对方发射明黄色的泡沫子弹。与之同时，底楼的迪克西兰（Dixieland）爵士四重奏乐团正在倾情演出。耳力所及，还可以分辨有人正在紫色索引卡上涂画的声音。他们在乱画些什么？画此时脑子里冒出来的任何东西。还有人在被逼问他们经历过的最糟糕的假期，以及身体是否受过创伤，这些创伤又是怎么来的。

到底发生什么了？

这就是美国概念行业的迷离之界。这些人都是创意大师，他们承诺会引爆你的企业，或激活你的旧产品，需要的是一个灵光乍现的——你猜对了——新鲜概念。

问题是，探寻新概念通常都演变成令人头晕的爱丽丝梦游仙境之旅——一堆"创意解放""脑力加油"和"情绪调制"的痴言妄语，更别提让爱丽丝脸红的价格牌了（那幢旧楼中的头脑风暴专家，每次收费15万美元）。

新概念能驱动企业发展，这显然没错。新概念是未来成功的动力。但是寻找新概念的过程，真有某些人说的那么复杂吗？还是本来很简单的过程被搞得复杂化了？

创新和天分没什么干系，和灵感也扯不上边儿。

彼得·德鲁克说："说企业家的成功依靠天分，这是一种谬论。我和企业家合作了40年，靠灵光闪现而成功的人，同样会因此而失败。"

老实说，一个被心智接受的新概念，其产生过程有三步：

1. 准备。把自己沉浸在问题之中。需要收集信息、数据和意见，让大脑进入工作的状态。

2. 酝酿。即使忙于其他事情时，一部分潜意识仍在运转。大脑把各种概念进行对比，将其中一些特征整合，筛选并融入这些概念。

3. 产生。一个相当完整的新概念浮现（简直不知道哪里冒出来的）。瞧，任务完成。

这就是新概念产生的真实过程。至于概念在过程中究竟如何发生，那就是另一回事（在一本连环漫画书里，两个人物在讨论这个问题。第一个人问："概念是什么？"第二个人答："概念是一种灵感。"第一个人又问："灵感来自哪里？"第二个人答："我一点概念都没有。"）。

我们永远不会弄懂概念究竟是如何发生的。

但我们知道爱迪生先生是绝对正确的。借用他人的概念是可行的。爱迪生说："要养成一种习惯，不断寻找那些他人成功使用过的新奇有趣的概念。"

莱奥波尔多·费尔南德斯·珀拉斯（Leopoldo Fernandez Pujals）就是这样做的。10年前，越来越多西班牙妇女开始加入劳动力大军，这个古巴裔美国营销人士洞察到了西班牙对快餐需求的兴起。于是他投资8万美元，在马德里开了一家送货上门的比萨店。现在，Telepizza销售额达2.6亿美元，雇员13 000名，业务遍及8个国家。自1996年下半年在西班牙交易所上市，公司股价从14比塞塔上升到了123比塞塔，现在市值高达13亿美元。这个50岁的越战老兵说："越来越多的人问我有什么'成功秘诀'。"（我们知道，他的秘诀是借用了达美乐"快递到家"的概念。）

假设有一个高级酒店的经理，正在想办法提升住客满意度，以赶超万豪和凯悦。如果他召集员工到度假胜地，努力去想什么新概念，这将不是个好做法。他应该去看看其他酒店怎样取悦客人，看看有什么好概念（比如马萨诸塞州剑桥市的Charles酒店，在客房电话中设有讲儿童故事的专线）。

解决问题的最简单方法，是借用一个现有的概念。军事设计师借用毕加索的抽象艺术，设计出了更好的坦克伪装。

发明一项新产品的最简单方法，是改造一个已有的产品。当被问及《忧愁河上的桥》（Bridge over Troubled Waters）这首歌的灵感来自哪里时，流行歌手和作曲人保罗·西蒙（Paul Simon）十分坦诚。他说，他脑海里有着两个旋律——巴赫的赞美诗和Swan Silvertones专辑的福音曲——"我只是把它们拼接了一下。"

坐落于伯克利的加州大学古生物学博物馆，举行了一场恐龙化石拍卖会。博物馆号召捐资者为一个将要拼接起来的霸王龙提供组装部位的赞助，捐资者的姓名会出现在博物馆的一块牌匾上。赞助化石的价格从 20 美元一块的尾骨到 5000 美元的头骨或下颚骨，大小不等。（有兴趣了解霸王龙总共多少块骨头的话，答案是 300 块）。

这个募捐获得了巨大成功。有人以自己孩子的名义为恐龙化石捐资，有小学为集资赞助一块骨头还举行了烘焙义卖活动。

这个概念是怎么来的？借用的。这种筹集资金的方法和剧院把座位卖给赞助人类似。

再来说说慈善事业，不知你是否曾被邀请去参加大型的慈善晚宴？但其实你并不想参加，你不想因此为孩子找保姆、租一套礼服，还得一直坐着听完演讲。

"我们理解。"佛罗里达的一些聪明人说道。下面是他们的"非邀请"邀请函：

慈善事业年度晚餐

今年不再于美国饭店举行

不再有晚上 7 点的鸡尾酒会

不再有晚上 8 点的晚餐

不再有亚特·林克特（Art Linkletter）⊖的主持

⊖ 美国著名主持人。——译者注

不再有诺曼·文森特·皮尔（Rev.Norman Vincent Peale）⊖
的祷文领读
不再有亲爱的艾比做嘉宾演讲
只是待在家里，度过宁静的一晚
但请每人随捐50美元或伉俪随捐100美元

这个方法有效吗？非常有效。

自此之后，其他很多慈善组织和医疗慈善机构都借用了这种方式（它能帮到你喜欢的基金会吗？放心吧，照学不误）。

20世纪早期，威廉·杜兰特收购了通用汽车的20个供应商，他让这些零部件制造商从头开始参与新车的设计流程，以更好地节约成本。西尔斯百货照学了杜兰特的系统，通过购买供应商的少数股权获得了控制权和成本优势。20世纪30年代早期，总部位于伦敦的马莎百货又照搬了西尔斯百货的做法。再后来，日本人学习和照搬了西尔斯百货和马莎百货的做法。

玩具反斗城是最早的品类杀手之一。其他公司学习和应用了这个概念：五金领域的家得宝（Home Depot）、办公用品供应商史泰博（Staples）和OfficeMax、宠物食品商宠物市场（PetsMart）。

养成收集概念的习惯，会大大增加解决问题的机会。如

⊖ 牧师、教育家、作家，曾主持纽约市马柏大教堂52年。——译者注

果你发现有什么好的思路做法或高明的战略,留意收集起来。你可以建立日志、剪报本和计算机文档。甚至在床头备一个便笺簿,在车上备一个录音机。

当有问题要解决的时候,可随时搜索收集记录,找到参考方案。然后参照下面的清单,尽可能地将现有的概念加以利用(清单改编自《实用想象力》(*Applied Imagination*)[17] 一书,作者是 Alex Osborn)。

1. **替代**。原有的方法、材料、成分或外观可以用什么替代吗?含糖爆米花(Sugar Pops)变成了玉米爆米花(Corn Pops)——一种更注重营养的谷物食品。《罗密欧与朱丽叶》衍生了《西区故事》。最近哈特佛芭蕾舞团(Harford Ballet)仿效了《胡桃夹子》,将背景改为 19 世纪的加利福尼亚州,增加了印第安人、李维·斯特劳斯和马克·吐温等人物,结果是人人追捧《美国版胡桃夹子》。

2. **结合**。怎么样把已有的概念结合起来?成分、卖点、颜色和风味?立顿把水果、香料与茶结合在一起,这就推出了新一代冰茶。

3. **改用**。这个概念还有什么其他地方适用?能借用到哪里?索尼将随身听概念改用在随身看电视机(Watchman)和便携式 CD 机上(这种做法已被称为产品或程序的"管理演变")。吉列将其剃须刀不断推陈出新的做法(Trac Ⅱ、Atra、Sensor、Sensor Excel 等)用在了它收购的欧乐 B 牙刷上。在吉列收购之前,欧乐 B 已经 27 年没推出过新款牙刷了。现在吉列有一个150人的团队专门研究人工去牙菌斑技术。欧乐B推出了一系列新产品，从拥有知识产权的纤维牙线到其顶级的Advantage牙刷。

4. **放大或缩小**。如果加大、加长、加强或减少会怎样？随着SUV热销，福特汽车加重了筹码，推出更大的Expedition和林肯Navigator。麦当劳则缩小店面规模，以适应机场和像家得宝那样的零售场所。

5. **另做他用**。已有的东西还有哪些其他用途？艾禾美（Arm & Hammer）把发酵粉改造成冰箱除臭剂、腋下除臭剂和牙膏原料。在宾夕法尼亚州的科茨维尔，人们把一家旧医院改造成为无家可归者的避难所和低收入老人的公寓。

6. **去除**。能去除什么？土星汽车（Saturn）在尝试去除轿车购买过程中销售人员的恐惧感和厌恶感。

7. **颠倒或重新安排**。能把什么颠倒过来或重置顺序吗？把保冷杯的物理原理反过来就得到了保温杯。重新安排电话系统，能解决一个客户问题。这种事就在马立可（Meineke）的总部发生了。代理商抱怨每次打电话过来都没有真人接听，他们拨打的长途免费电话都进入了一个自动应答系统。其实公司总机是有接线员接听本地电话的，不过那都是本地小贩电话或员工私人电话，外地代理商反而被忽略了。解决方法很简单：将两个电话系统切换就好。

以《人性的弱点》一书成名的戴尔·卡耐基（Dale Carnegie），就是著名的拿来主义者。他曾写道："我所秉持的概念并不是我自己的。我借用了苏格拉底的概念,我从切斯特菲尔德(Chesterfield)那里照抄概念,我从耶稣那里偷来概念,然后我把这些概念放进了书中。如果连他们的原则你都不喜欢,你期望用谁的呢?"

小　结

借用别人的概念。

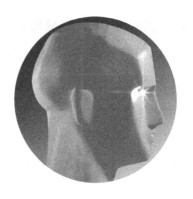

第 17 章

目标
听起来不错,做起来很难成功

> 有些公司为获得它们想要的未来而改变现有的做法，这是在浪费时间，调整商业规划中的假设也是在浪费时间。
>
> 记住，未来基于假设，而假设仅仅是你编造的。
>
> 在这上面花工夫毫无意义。
>
> ——史考特·亚当斯
>
> 《呆伯特法则》(*The Dilbert Principle*) 作者

目标通常会毁掉营销规划。我们反对设定目标，因为目标会给营销过程带来不切实际的影响。

那些沉迷于"想要干什么"的经理，喜欢设定目标。

经理设想公司在未来 5 年或 10 年要变成什么样子，用远期规划描绘出具体的蓝图，里边充斥着市场份额、资产回报等种种目标。

这种类型的经理，设法强迫事情发生，而不是去寻找当下可以用功着力的事务。他们追逐现有市场而不是寻求新的机会，他们的思维是内部导向的而不是外部导向的。

一旦心智被一厢情愿的设想所框定，高层经理就会把目标视为"必须击中的东西"，他们就树立了一个挥之不去的标靶。这些人不能意识到，目标一经树立，往往就同时表达了拒绝接受失败的含义。人们将因此无法正确行事，会因此想方设法去达成那些不现实的目标。

致力于完成神话般的销售目标，将蛊惑品牌经理去推动不必要的品牌延伸，举行过于昂贵的促销活动，以提升销售。尤为糟糕的是，这会让他们无法触及真正的问题，无法直面了解问题，也就无法着手解决问题。

我们有理由怀疑，凯迪拉克新近推出酷似雪佛兰的车型，就是受目标设定的驱使。凯迪拉克在设想如何吸引那些年轻的豪华车消费者，他们热衷于购买进口车。然而具体到吸引年轻客群，这可能又是一个无法达成的目标。不可能就是不可能，必须面对现实。

设立目标的另一个问题是影响灵活性。不排除把努力放在其他方向上，可能会抓住更好的机会，只专注一个目标时往往容易错过机会。

当通用汽车把目标锁定在增加凯迪拉克市场份额以对抗萎缩时，公司就看不到真正的机会了。

其实显而易见：通用汽车有机会在超豪华细分市场上推出新品牌。通用汽车在这方面早就建立了名声极佳的品牌——是时候重新启用 LaSalle 了（年轻读者可能不知道，LaSalle 是 20 世纪二三十年代最经典的车型之一，它虽然属于凯迪拉克系列的一员，但常常被人们视为独立的更高端品牌）。

重启 LaSalle 品牌与欧洲轿车竞争也很有趣，LaSalle 既往就被看作一款"欧洲款型"的轿车。它的原型是法国名车西斯帕罗 – 苏扎（Hispano-Suiza），现在恐怕只有骨灰级车迷才知道了。

很显然，新版的 LaSalle 必须更小、更贵，这样就更像欧洲的豪华轿车。最重要的是，它必须由新的 LaSalle 经销商经营，而不能是原来的凯迪拉克经销商（就像讴歌（Acura）汽车由讴歌经销商经营，而不是本田经销商）。

这种策略可能几年前实施起来会更有效，但如果通用汽车想在超豪华车细分市场上获得更多份额，这仍是唯一的可行之道。在这个价位的市场上，谁不想要更多份额呢？

在畅销书《基业长青》（*Built to Last*）中，作者吉姆·柯林斯（Jim Collins）和杰里·波勒斯（Jerry Porras）着重谈到了目标问题。两位作者极力鼓吹设立"胆大包天的目标"，认为波音、沃尔玛、通用电气和 IBM 等公司，就是这样成为巨人的。

如果仔细看书会发现，他们实际上把"大胆行动"和"目标"混在一起了。

波音押注在第一架商用喷气式飞机（707）上，这是一种大胆的行动，而不是目标。这个行动让波音成为第一。

IBM 押注在 360 计算机上推动新一代产品，这也是大胆的行动。在某些情况下，为保持领导地位，市场领导者会和自己竞争，进攻自己。

花旗集团设立的目标是发展为美国国内的大型国际金融机构，之所以行得通，是因为那时银行业开始步入蓬勃发展时期，而花旗银行也较早建立起了领导地位。

《基业长青》书中提到的成功案例，都来自从 1812 年

（花旗银行）至 1945 年（沃尔玛）创立的企业，当时无须应对全球性的激烈竞争。人们能从这些企业的成功中学到很多东西，同时必须意识到：它们在相对简单的商业环境中成长，这种奢侈已不复存在。

小　结

目标仿若梦想，

企业需要清醒以面对现实。

第 18 章

增长
可能有害企业

> 我们没有增长的迫切需要，
>
> 只有增长的迫切欲望。
>
> ——米尔顿·弗里德曼

增长是正确行事的顺带结果，其本身并不值得追求。实际上，正是追求增长，导致了各种不切实际的目标。

CEO追求增长是为了保住职位和增加薪水。华尔街经纪人追求增长是为了维护声誉和获取更大回报。

人们应该追求更简单、有效的目标。当一个市场开始形成时，首要目标是获取市场份额领先，而不是利润。太多公司市场地位未稳，就设立了盈利目标。

一家公司是否强大，不取决于产品或服务，而取决于它在人们心智中的地位。赫兹公司（Hertz）的优势是其领导地位，而不是租车服务的质量。所以成为领导者之后容易守住领导地位，而要成为一个领导者则要难很多。

有谁能颠覆领导者吗？佳洁士在牙膏行业中做到过，原因在于美国牙医学会的认可（讽刺的是，高露洁借助杀菌的"全效"牙膏重新夺回了领导地位）。金霸王凭借"碱性电池"概念在电池行业做到了。百威在啤酒行业、万宝路在香烟行业也做到了。但这种后来居上的情况甚少发生。

调研证明了这一点。跟踪1923年以来的25个领导品牌，至今有20个仍然排在第一，4个排在第二，只有1个落到了第五。

甚至每个行业中各公司的具体排名也不容易变化。在二战前的56年里，美国前三大汽车公司排名，只发生过一次位序变化。

1950年，福特超越克莱斯勒成为第二。从那以后，排名顺序一直是通用、福特和克莱斯勒。是不是很单调？

市场竞争中有"惯性"现象，公司或品牌常年居于同一位置的倾向，说明了尽早占据领先地位非常重要。提升自己的市场排名非常困难，但一旦成功，维持住地位就相对容易了。

公司占据了领导地位，要确保让市场知道这个事实。很多公司会认为，自己既然都占据领导地位了，在市场上还有什么好说的。这恰恰为竞争对手敞开了大门。如果得到了市场领先的机会，就一定要确保人们知道，把竞争之门关上。美国人虽然同情失败者，但他们更愿意选择胜利者公司的产品。

人造粘胶纤维行业的例子就很典型。就销量而言，这个市场由4家公司平分天下——奥地利兰精公司（Lenzing）、英国Courtaulds公司、印度Biria公司和一家中国公司。

兰精公司具有最好的技术信任状，它的技术自1930年以来一直保持领先。兰精公司对此进行了宣扬，强调自己是粘胶纤维技术全球领先者。在此基础上，兰精公司告诉人们，自己如何应用技术不断地改进了人造粘胶纤维。随后，兰精公司超越其他三家公司，抢占了行业领导地位。

谨记勿用公司盈利业务补贴亏损业务，这是多元业务公司的惯用操作。这种做法削弱了公司聚焦资源于优势业务的能力。

迫于华尔街的压力，众多公司过度关注增长，从而错过了集中资源追击成功产品的机会。简单来说，这些公司分心了。

最近硅图（Silicon Graphics）公司的表现甚为突出。硅图是一家工作站公司，产品提供可视化计算功能，好莱坞就用它来制作各种神奇特技。通过收购Cray超级计算机公司，硅图公司成为全球高性能计算机的领导者。

但硅图公司并没有集聚全部资源用于成功业务，没有借此抢占"高性能"的差异化概念，而是迫于华尔街压力拓展了低端业务。分析师认为，高性能运算只是个利基市场，难以支撑每年20%的增长。

作为计算机行业中的保时捷，该做的不是推出廉价计算机产品，而是要想办法获得更多需要高性能运算的客户，主导高端市场。（试想，哪家有实力的大公司会想用低性能的计算机呢？）

公司不能让华尔街左右业务。

大多数金融权威人士用数学的方法看待营销——进入领域越多，业务规模就增长越快。可以回顾一下耐克的故事。随着户外运动在全球开始流行，耐克想为人们提供从头到脚的全部运动装束，甚至开始提供运动器材，其设计团队在着手研制高科技棒球、球棒和手套。

耐克的战略意图很明显，就是要在运动领域中成为"超级品牌"。公司的做法是推广它的钩子标志，尽可能地赞助每一支出名的运动队，在各项大型体育赛事中露出。在某届冬季奥运会上，连电视主持人的外衣都必须有这个钩子的展示——耐克创始人菲尔·奈特（Phil Knight）更过分，他把钩子标志纹在了身上——无论是什么比赛，耐克都力争参与。

不过后来，似乎全世界都不喜欢玩运动了。看看最近的杂志和报纸，关于耐克的评论一边倒：

> 《美国新闻和世界报道》（*U.S.News & World Report*）[18] 的文章《青少年把耐克一脚蹬开》说，年轻人正在抛弃昂贵的耐克运动鞋。《华尔街日报》[19] 刊发的《被太多鞋子绊倒，耐克重组》一文，指出耐克每年设计推出 350 种新款运动鞋的问题。《鞋类新闻》（*Footwear News*）[20] 刊登的文章《耐克深陷泥潭：裁员在即》报道，耐克收入下降导致面临裁员。《折扣店新闻》（*Discount Store News*）[21] 也发文《就不穿耐克》，提示商店应该引入耐克之外的更多品牌。

到底怎么啦？耐克为什么不酷了？

摩根士丹利分析师 Josephine Esquivel 的看法一针见血："耐克的最大问题在于，那个钩子在美国太泛滥了。"

耐克在追求"无边界增长"的茫茫路途中，落入了品牌延伸陷阱。这是典型的超级品牌思维——将品牌放在尽可能多的产品上，不管是相关品类还是不相关品类。这就是成功品牌的"内部"思维，想方设法让品牌变得更大、更好。

不幸的是，市场上唯一行得通的思维是"外部"思维，它运行于潜在顾客的心智之中。看看这些大品牌遭遇了什么：

- 雪佛兰曾经是销量最大的家用轿车。现在雪佛兰产品无所不有——大型车、小型车、豪华车、廉价车、运动型车和卡车。福特、本田和丰田的销量都超过了它。
- 施乐公司花了20年时间和几十亿美元，想成为一家提供从复印机到计算机及相关产品的办公自动化综合产品公司。最后它意识到，凡是不能复印的施乐机器都卖不掉。
- 麦当劳的平价汉堡快餐非常成功。然后，它想成为一家提供所有食物的快餐店，从儿童汉堡、成人汉堡，到比萨、鸡肉，应有尽有。现在它成长缓慢，远不如初。"老麦"走得太远了。
- 万宝路曾推出过各种焦油含量的香烟——标准型、淡烟型、超淡烟型、中度焦油型和薄荷烟型，由此脱离正轨，不断丢失市场份额。最终，它发现真正的牛仔是不吸中度焦油型、薄荷烟型和超淡烟型的。随着公司重新回归到万宝路的世界,情况也逐渐好转起来。

我们在本书第7章中说过,在商业中,重要的是差异化、差异化、差异化。当公司推出越来越多产品,业务的焦点就会愈加涣散,产品的差异化就越难实现。

人们不会因为你是超级品牌就选择你。在运动品领域,人们买最好品牌的运动鞋、高尔夫球杆、网球拍和其他东西,买他们认为最能满足他们需求的产品。这时候,人们通常会选择品类中的专家品牌。原因在于,人们会认为专业做一类产品的公司,肯定知道怎么样把产品做得比非专业公司更好。

泰格·伍兹(Tiger Woods)从头到脚穿戴耐克,是因为耐克给了他几百万美元的佣金,一般人没有理由也这样做。只有意识到这是差异化问题而非商标问题,耐克的业务才可能得到改善。

设法满足所有人的所有需求,既复杂且浪费。从战略上看,就是把资源浪费在次要的战役中,没有集中在主要的战役中。一旦聚焦于一件事情时,决策就会变得异常简单。

以作者的经验看来,少即是多。

斯巴鲁汽车(Subaru)是四轮驱动的先驱。早在20世纪70年代,其品牌就建立了一个强大的非主流形象,产品外形粗犷，适于在泥泞和雪地路面行驶。

20世纪80年代，斯巴鲁汽车放弃了全天候概念进入主流汽车市场，去挑战本田、日产和丰田，这导致公司濒临破产。斯巴鲁汽车推出了全阵容的轿车和运动车型。到1993年，它连续7年亏损，损失高达7.5亿美元。

斯巴鲁最终被迫剥离了亏损产品线，聚焦到它的四轮驱动车型上。1996年，斯巴鲁销售规模只有10年前的64%，但开始扭亏为盈，重新盈利。

少即是多，这个法则在商业界普遍适用。葡萄牙阿莫林公司（Amorim）是软木酒瓶塞领域的世界领导者。德国克朗斯集团（Krones AG）生产将标签贴在酒瓶上的机器，占有全球市场70%的份额。西班牙珍宝珠公司（Chupa Chips）在1957年停产了200多种产品，聚焦于棒棒糖一种产品，现在它垄断了全球棒棒糖市场。

这里有一个真实的故事，见证了增长欲望如何伤害到企业。

作者受邀去评估一家多品牌药企的商业规划。各品牌经理轮流陈述来年规划。

在某品牌的提案过程中，一位年轻的主管提到一个重大情况：市场出现了一个表现激进的新竞争者，格局将会被打破。随后在他介绍销售计划时，却预期销量有15%的增长。我们立即质疑，出现了这么强的新竞争者，明年怎么能有这么大的增长呢？

主管回答说，他们会采取一些短期策略和品牌延伸来保证这个增幅。这样做难道不会伤害企业的长期战略吗？当然会。那为什么还要这样做呢？因为他的老板让他要达到这种增幅。我们得跟他老板谈谈。

一周后，这位老板承认这种做法有问题，但老板的老板要达到这样的增幅。为什么？你猜到了，是因为华尔街的增长欲望。

---- 小 结 ----

先有市场份额，后有增长数字。

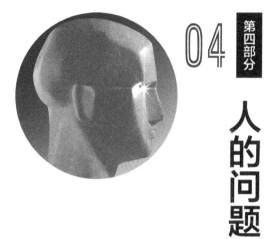

04 第四部分 人的问题

企业终究是人的问题,关乎人的高水准培养与技能发挥。不要让他们被种种谬说所愚弄。

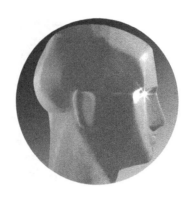

第 19 章

激励
仅有努力,解决不了问题

> 改变和改善，
> 　是两回事。
>
> ——德国谚语

一家全国性杂志社请来了一位顶级培训师。杂志社的广告销售持续走低，员工士气低落。她会在最近的销售会议上演讲什么吗？

在做出决定之前，培训师做了一番调查。她发现，杂志的名字和口碑已经落伍了，虽然形式上几经改版，但内容焦点涣散，不知所云。广告主对在这个杂志上投放广告已没有兴趣。

培训师给出的诊断是：没有真正的战略，没有清晰的差异化卖点。她很愿意跟客户谈谈这些重要问题。

杂志社的反应："哦，我们正需要一场鼓舞人心的演讲。我们要给员工鼓气，让他们重新振作起来。"

事实是，仅有努力可解决不了问题。努力工作的作用被高估了。

激励员工不会让大家死忠于一家公司——特别是他们早就知道，终身雇用已不复存在了。频繁发生的公司兼并、裁员和重组，影响了员工的忠诚观念。组织与员工之间脆弱的纽带已经断裂。员工普遍认为："其实我们都是临时工。"

然而，激励仍然是很有吸引力的手段。正如管理顾问艾伦·韦斯（Alan Weiss）说："我不知道多少次听到主管在号召——我们不能躺在功劳簿上睡大觉，而是要百尺竿头更进一步！"

有人提出了更进一步的概念：给团队"充电"。公司把员工送到一个动员大会上，借用各种铿锵有力的口号鼓舞大家。大会上充斥着这样的口号：

- "感觉自己是冠军，就会成为冠军！"
- "坚持就会胜利，让我们作战到底！"
- "成功来之不易，就在风雨之后。"

还有人把激励大师请进了公司大礼堂。魅力四射的大师会激励员工"成就自我""点燃自我前进的发动机"（一切会伴随着气球、启动按钮和小册子）。这类演讲的主题往往是：

- "细节决定成败"
- "让人人都更努力的艺术"
- "100种自我激励的方法"
- "1001种自我激励与激励他人的方法"（显然，100种是为业余人士准备的）

如果公司喜欢大阵仗，还可以请个大名人助阵。

安达信咨询公司花了6万美元，邀请科林·鲍威尔将军在内部的高级经理会议上演讲。这位优秀的将军自信满满，发表了神气十足的讲话。

"将军讲述了海湾战争和个人生活中的轶事,他完全抓住了听众的注意力,"安达信咨询公司的组织人员说,"不过,他谈的内容和我们的会议没有关系。我知道他不可能了解安达信咨询公司的业务,也不会对我们的工作提出独到见解。这不是他来此的目的。"(那么目的是什么呢?)

当然,赚钱是一个目的。激励是个高收入行当。据一家培训杂志报道,在激励行业中,单单演讲就可以创造每年10亿美元的收入(气球等收入另算)。

那些外界影响颇大的演说家,真能给企业带来什么实际价值吗?或者是,让本已迷糊的员工更加糊涂?

可以用常识分析一下这种鼓动人们努力工作的群体。他们倡导努力奏效的背后,其实存在误导性的逻辑。这种逻辑是,给员工一些特别的刺激,让他们进入紧张状态,工作就会更努力,生产和销售更多产品。他们会取得额外的产出。

这种情况永远不会发生。首先,这些激励可能一瞬间让人感觉很好,但几分钟后效果就蒸发了,终究不过是一阵心理按摩,娱乐而已。其次,当"努力医生"收拾行装离开公司大楼时,他去哪里了?他去了另一幢大楼,另一个大礼堂,向另一群人说着同样的"你一定行"——这群人可能就是你的竞争对手。

每家公司都能接触到同样的心理学,请到同样的演讲者,开着同样的动员大会。

当然,激励没有什么不对。威尔·罗杰斯有一番精妙的表达:"即使你在正确的道路上,你要是待着不动的话,还是会被人超过。"

但首先还是得确保处在正确的道路上。公司要清楚,希望员工朝哪个方向努力,并且要给予大家抵达目的地所必需的培训和工具。

让我们回到最基本的概念上来。"激励"在字典里是怎么定义的?"促使某人采取行动。"那么,要采取什么确切的行动呢?究竟需要听众去做什么?

大礼堂里的听众们希望的解答可不是"如何释放我的真正潜能",他们的问题是"什么东西让我们公司与竞争对手不同"(我想知道有什么概念可以指引自己的工作),这才是演讲者应该给出的答案。

最有效的激励演讲通常来自公司内部人士,他们对一线了然于胸,演讲切合实际。如今的领导者,需要对公司战略满怀激情,并清晰地表达(详见第 12 章)。

我们出席过一位 CEO 的演讲,他主管着一家市值千亿美元的国际银行。在听众席上,几百个西装笔挺的人身体前倾,等待着演讲者说出那个指引他们工作的概念。CEO 清清嗓子说:"我们首要的目标,是在全球重要市场上向核心客户提供优质产品。"

听到竞争性概念了吗?有心理角度吗?全都是老生常谈,毫无意义。实际上,CEO 出场演讲使得员工有所期望,而结果是令他们感到失落和伤害。

CEO出场应该是传达差异化概念的时机。演讲要以"我们该如何胜出竞争"开场,以"这就是我们取胜的工具"为核心内容。

真正的激励,应该以一个概念作为武器去支援员工,让他们在销售、产品研发和工艺技术等方面挑战更高的目标。真正的激励是关于现实世界中的商战,而不是关于自我臆想的"最佳表演"。

小 结

与其更努力地工作,不如更聪明地工作。

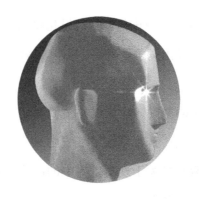

第 20 章

自我修炼
不过是皇帝的新装

第 20 章 自我修炼

> 进化意味着各方面都越来越好，
>
> 让自己臻于完美。
>
> ——狄巴克·乔布拉
>
> 自我修炼灵性论者

既往，个人修炼是员工自己的事情。但时至今日，越来越多的公司插手管理员工精神层面的事了。

其目的是让大家能够在整体协调、情感安宁的环境中成长，以培养更多自我圆满的员工。这并不好笑。这种新时代的福音席卷全球，其速度堪比厄尔尼诺现象。"内在孩童"和"人类潜能"现在是标准的商业词汇了。

在美国企业界，每年有 150 亿美元的各色培训费用花在员工身上。增长最快的培训业务，是个人改善和自我修炼。管理理论现在与自助、未来学和不折不扣的江湖骗术深度结合起来了。

公司有任何员工的灵魂受到伤害了吗？下面的灵药包治百病。

- 波音公司把高管聚集起来，让他们讲述彼此进入公司以来的种种经历，然后让大家把负面的事情一一写下来，并举行仪式将它们烧掉，预示着死亡和新生。
- 加利福尼亚州伊莎兰（Esalen）学院开发了一个项

目——"结束破碎的自我",其仪式和典礼的核心是"解脱和重生"(参与者被要求带上印花围巾、日记、鼓和摇铃)。

不要觉得奇怪,还有更多。

- 新墨西哥的一个培训机构,其知觉转化理念与练习借鉴自纳瓦霍人(Navajo)和阿帕奇族(Apache)的传统。霍尼韦尔(Honeywell)和伯利恒(Bethlehem)钢铁公司让员工在培训小组的指导下研习"医药轮"(Medicine Wheel)——象征人类体验的4个极(智力、生理、情感、灵魂)。
- 在另一个学习实验室中,参与者用木头、石头、布片、叶子和玻璃碎设计了一个"抚摸石",以此来"象征工作对他们的意义"。在学习过程中,抚摸石可以重新设计(如果设计成有两块石头,或许可以举起来一块吧)。

这种新时代的热潮,甚至渗透入了MBA课程和白宫。

- 乔治城大学(Georgetown University)商学院的一位教授,要求他的学生大白天在校园里放声尖叫。他说:"有时候,我让学生假装自己是一盘果冻、一个比萨,或者我让他们像狗一样叫。"
- 琼·休斯敦(Jean Houston)是"人类潜能"运动的

发起者，也是希拉里的密友，她倡导通过练习来"恢复自我意识"。参加者脱掉鞋子，摘下项链和眼镜，背对背，手拉手，坐成两个圈，闭上眼睛唱歌。这被称为"回忆原始社会族群"。

- 克林顿夫妇也是那些"个人改善"专家的狂热粉丝，包括史蒂芬·柯维（Stephen Covey）和安东尼·罗宾（Tony Robbins）（稍后简单介绍二位）。

鼓和摇铃？抚摸石和冥想？像狗一样叫？未来行业领袖出差时，会把占卜牌、祷文和笔记本电脑一起当作行李打包吗？

为了回答这些问题，得好好了解一下柯维、乔布拉和罗宾，他们是向企业界推销自我修炼业务的三大竞争对手。

史蒂芬·柯维象征着美国梦——财务成功和灵魂得救的综合体。《今日美国》称其为"自卡耐基之后美国企业界最受欢迎的自我修炼顾问"。他在 1985 年开创培训事业时只有两名员工，现在公司发展到 700 人，年收入 1 亿美元。其客户有数千家，包括《财富》500 强中半数的企业。

柯维的第一本著作是《高效能人士的七个习惯》（*The 7 Habits of Highly Effective People*），卖了 1000 多万本。这本书的核心主题是：为激发全部潜能，你必须塑造个性。

柯维没有告诉人们具体要怎么做。他告诉人们的是如何抵达内心的自我，找到并实践那些正确的原则。

在他的世界中，有七个这样的原则（不多不少）。其中之一是双赢原理，那真是有趣。柯维说他会把如何做到高效能的一切东西告诉我们，但他也同时向其他人做出相同的承诺。因此你知道的东西，你的竞争对手也会知道。"不用担心，"柯维教授说，"如果我们都知道彼此知道的所有东西，我们将一起变得更好。"（谁把这个道理弄明白了，麻烦你给我们打个电话吧。）

即使如此，人们也不能质疑柯维的真诚。他始终都是个无畏的摩门教徒。他拥有哈佛大学 MBA 学位、组织行为学博士学位和 20 年教授工商管理学的教学经验，他绝不是个盲从者。

有评论家说，这些都不过是陈词滥调。努力工作，遵守金玉良言，你必须 / 理应 / 应该提前做好规划。这有什么值得大吹大擂的？

阿兰·沃尔夫（Alan Wolfe）在《新共和》（*The New Republic*）[22]中说，柯维正在施展"白魔法"（white magic）："这种法术是为了让人相信，即使是显而易见、人尽皆知的事情，也可以包装好再次贩卖。"

狄巴克·乔布拉曾经是波士顿的一名内分泌学家，他在新德里出生和长大，接受了 12 年耶稣会传教士的教育。今天，他自称是"身心医学和人类潜能先驱"。

乔布拉公司的年收入至少达到 1500 万美元。他在中年白领中非常受欢迎。他的公司出版了 19 本书和一份时事通信月刊，业务有出场费 2.5 万美元的讲座和为期 5 天的论坛。

乔布拉的核心思想是东方哲学、西方神学、凯尔特传统、现代医学的融合，甚至囊括说唱音乐。"任何接触过的东西，都将会融入他的思想之中。"一位观察家说。

数以百万计的狂热信徒，对乔布拉的思想顶礼膜拜，即使他们并不能了解这些思想。这毫不奇怪，翻开《成功的 7 个精神法则》(*The 7 Spiritual Laws of Success*)，你可以读到这样的咒语："生命是意识的外在舞蹈，通过智慧脉在微观世界和宏观世界之间互动，在人体和天体之间，还有在人类心灵和宇宙思想之间交互流转。"

不妨以乔布拉一本叫作《创造财富》(*Creating Affluence*)的书及其录音带为例，首先看看作者的注解："本材料内容高度浓缩，须加以仔细咀嚼及感悟。"（读者正在用力咀嚼和吞咽。）

随后可以读到："凡有财富意识者，凡事皆求最好，此称之为'最头等原则'。凡所往皆头等者，天将给予头等之回报。"（如果坐头等舱从纽约到洛杉矶，天空的回应是 3688 美元账单。）

在一次所谓的"无边界之旅"的系列讲座上，乔布拉告诉听众："我们将探究创造奇迹的方法，以及如何快速满足愿望的原理。"

但说起来无边界的旅行，其实是有前提边界的。乔布拉的使徒随即告知听众，如果即刻报名本年度"灵魂的魅力"

论坛，优惠 400 美元。

像其他同行一样，乔布拉是一台顶级的"营销机器"。除了在酒店办讲座，他还卖书、磁带、药茶、维生素和按摩油，等等。

为什么不这样做呢？乔布拉说："灵魂和财富意识紧密关联，贫穷是灵魂枯竭的表现。"

安东尼·罗宾身高 6 英尺 7 英寸[一]，下巴突出，浑身穿着阿玛尼名牌西服。当他大步流星地登上讲台时，烟幕弹炸开，镁光灯频闪。

安东尼 17 岁离家出外闯荡时，还是个满脸雀斑的孩子。如今，他是一位 40 岁的"最佳表演者"，每年从激情四射的论坛中获得数百万美元。他的"个人潜能"电视录像带卖出了几千万份。他有时住在圣迭戈的一个城堡里（有直升机起落坪），有时住在南太平洋的一个小岛上。

《唤醒心中的巨人》（*Awaken the Giant Within*）和《激发心灵潜力》（*Unlimited Power*）两本书体现了安东尼的思想：只要采用的态度正确，你就能达成你想做的一切（真是心想事成）。

他在论坛上说："我要你做出承诺，承诺你一辈子会永不停歇地提升自我。"（这个承诺可以从买他几盒录像带开始，然后不要停止）。

安东尼出名的原因，是他偶然发现了一个不为人知的治

[一] 约 2 米。——译者注

疗技术——神经语言程序学（NLP）。神经语言程序学利用轻度催眠状态，唤醒潜意识。据说这个治疗技术，能消除令人痛苦的恐惧症、自卑症和其他问题。

通过学习该思考什么和该如何控制身体，安东尼发现他能赤脚走过一个温度高达2000度的燃烧炭堆，并将其称为心灵革命。他大声对他的听众说："如果你能让自己走过火焰，你还有什么做不到的？"一个商业帝国就此诞生。

《经济学人》的一位分社社长阿德里安·伍尔德里奇（Adrian Wooldridge）与他人合著了《企业巫医》（*The Witch Doctors*）一书，揭露了一些所谓的管理顾问和大师，非常有价值。其中谈道："安东尼这种人，就是这个领域的骗子。"

伍尔德里奇在接受《培训杂志》（*Training Magazine*）采访时说："安东尼贩卖的是希望和盲从。仅通过改变你对世界的态度，就能释放强大的能量，无须努力就能成功，这纯属胡说八道。他在向傻子推销渺茫的希望。"[23]

借用自我修炼热潮中当下流行的一个标题，我们认为现在该"停止疯狂"了。究竟该如何面对自我修炼的问题，下面给出一些简单的建议。

1. **明白正在发生什么**。一切从缺乏安全感或不快乐的人开始，自我修炼大师为烦恼者提供解决方案。大师披着智慧外衣的建议多数是妄语，他们承认世界深陷困境，承诺人们只需在生活和工作中做出很少改变就能转危为安。

"流行大师提供的心灵平静和启迪并不需要终身约束自己,"全美公共电台评论员温迪·柯米纳(Wendy Kaminer)说,"它所需要的是停止批判性思考,参加他们的讲座,去他们的工作室,并买他们的书或磁带。"

《福布斯》杂志称他们为"快乐的商贩"。詹姆斯·希尔曼(James Hillman)和迈克尔·旺蒂尔(Michael Venture)在他们的书《心理疗法百年,世界越来越糟》(We've Had a Hundred Years of Psychotherapy and the World's Getting Worse)中阐述了这些新时代思想的脆弱。他们说:"它开发内心世界,却失去外部世界。人们学到感觉技巧,但关于世界如何运转毫无所获。"

2. **把个人成长修炼留给个人自己**。如果公司员工想要在滚烫的炭火上行走或打鼓,那让他们用自己的时间和自己的钱去做。他们可能对这些东西上瘾,不过别担心,这不会比咖啡因更危险。同时,把公司的培训资金用在培养更好的员工上,不要用在培养更好的灵魂上。

3. **从基础技能开始改善**。认真了解公司员工。他们可能还无法很好地阅读、很好地演讲,写不出连贯的备忘录,看不懂资产负债表,不会用计算机,这些才需要优先培训。

退休海军军官理查德·马辛克（Richard Marcinko）（现在领导一家私人保安公司）说："必须就员工的实际工作针对性培训。"比如，联邦快递在职员培训中强调的是"隔夜送达"，这是让联邦快递成为行业第一的根本概念。联邦快递培训员工高效地装运和跟踪包裹，连美军在为海湾战争设计供应系统时都照搬了联邦快递的培训方法。

4. 基础之后，加强技巧训练。正规选手需要采用这个方法。

1995年，摩托罗拉花费1.5亿美元用于员工教育，为13.2万名员工每人提供了至少40小时的培训。通用电气每年花费5亿美元用于培训，还在纽约州的克罗顿维尔创办了一个世界级的领导力发展中心。

不同规模的公司都可以学习通用电气模式。通用电气从检视现有的培训理论开始，对比其他公司的最佳实践，最终形成了一套为期7天的核心课程，有多达1100位高层经理参与。这套课程成为知识与信息的中转站，参加培训的人会把知识和信息带回工厂，再给几千个其他经理和工人培训。

"一个人改变了之后，他会改变整个环境。"通用电气培训项目主管说。

5. **记住，这是培训，不是娱乐。** 一个培训会不应该像公共事务频道那样无趣，但也要警惕，有些商业人士扮成巫医或巫师，推销各种神秘稀奇的项目。

最后说一件安东尼的轶事。据称，有一次他在论坛上，突然站起来高声大叫："我们今天将感觉很好，这无须任何理由！"

就此结束本章吧。

小 结

每个容易上当者的出现，都会有两个骗子盯上。

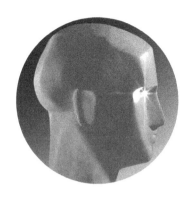

第 21 章

成功
在于骑上一匹好马

> 生活是一张蜘蛛网，
> 织好后悬在那里。
> 你的成功不是取决于规划，
> 特别是商学院那种5年战略规划，
> 而是取决于你对意外机会的把握。
>
> ——罗斯·佩罗

若要在今天的社会获得成功，只有一个简单方法：把自己视作一件商品而不是一个职员。你要把职业生涯掌握在自己手中，而不是你那位微笑着的人力资源总监手中。

你要如何掌握命运呢？努力、自信、无畏和自我打气并不能保证成功。真相出乎你的意料：成功的关键不是取决于每个人自己，而是取决于你对他人所赋机会的把握。

把注意力集中于自己身上，人们就只会依赖自己。打开视野，把他人考虑进来，每个人成功的概率就会大大增加。

换句话说，成功就是找匹好马来骑。只有跳出个体对自身的关注——向外界敞开心门以搜寻各种成功机会，才可能找到那匹好马。

好消息就是，成功的机会就在每个人的身边。

我们深入研究了成功和成功人士。把成功人士自己总结的"加倍努力"和"严守计划"等说法抛开一边，发现了他们真正导致成功的关键因素：成功者都找到并骑上了一匹好马。这些马可以是好的概念、公司、老板和家庭，等等。

基于这项研究的成果，关于何处找马、找何种马以及如何选择，我们在这里给出一些建议。按评估的优劣等级，介绍如下。

勤劳马很难胜出。要把自己当商品卖出去，你不借用他人的力量，就只能凭一个人制订和推进营销计划，你骑的马就是你自己（每天工作18小时后，你再没什么可以付出的了）。

智商马也很难胜出。对于乳品来说，浮在顶端的是奶油；在日常生活中，通常并不是这样的。在公司这个瓶子里，居于顶端的往往是低脂（智）牛奶。如果给《财富》500强的CEO做一个智商测试，结果一定会让人震惊（随便挑一所像样的社区大学，其教师的智商得分都会更高）。

当然智商马比勤劳马还是会稍微好那么一点，有时也会胜出。以马歇尔计划出名的乔治·马歇尔将军就是一个例子。他才智卓绝、富有魅力，为富兰克林·罗斯福所赏识，由此骑着智商马爬到了军队最顶端。

令人意外的是，**公司马**也很难在短期内胜出。既往这几乎肯定是一匹好马，大学应届毕业生总是把进入大公司或拿到高薪水作为目标，或两者得兼最好。一旦这样决定，就意味着由此一直向前，一生也就这么定型了。到了今天，公司马还值得一骑的话，唯一的时机是在公司建立早期（和人一样，公司随着年纪增大也会变得缺乏活力和灵活性）。

很多百万富翁产生于像施乐、苹果和微软这样的公司中，但他们都是早期雇员，后来者的机会则少之又少。如何在一家公司的创立之初就能识别出它的未来前景？没有办法。你只能转向寻找看上去有前途的人、产品或概念，作为更好的马。

就个人来说，**爱好马**胜出的概率中等。休闲时间所做的事情可能成为一个人的职业。保罗·普鲁多姆（Paul Prudhomme）喜欢吃，他500磅的身材能证明这一点，他就把自己的爱好转变成闻名全球的 K-Paul 餐厅（位于新奥尔良）。Paul Zagat 和 Nina Zagat 把他们对吃和旅行的爱好，转化成一个迷你餐饮帝国和全美旅行指导手册。

容易胜出的马当然是首选，比如**产品马**。骑着产品马抵达巅峰的最好范例是李·艾柯卡。他被福特汽车解除总裁职务后，就进入了克莱斯勒汽车任总裁，随后成为传奇人物。艾柯卡为什么会成为福特汽车总裁呢？一个关键词——野马（Mustang）汽车。野马汽车就是艾柯卡骑着抵达巅峰的那匹马。野马汽车不是他设计的，也不是他负责制造的，但他把它从别人的工作中识别出来，推动它走向了成功。

是迪克（Dick）和麦克（Mac）两位麦当劳兄弟在1948年创办了免下车的汉堡餐厅，雷·克洛克（Ray Kroc）5年后才加入进来。但坐拥麦当劳餐厅声名和财富的人，是看到它价值并把它买下来的克洛克，而非发明这个概念的麦当劳兄弟。

一个世纪前，李维斯·施特劳斯带着一卷卷制作帐篷的布匹到达旧金山，准备在淘金潮中好好赚一笔。他很快发现，淘金者已经有足够的帐篷了，矿工最需要的是挖掘工作中足够结实的裤子。李维斯立即通过用帐篷布制作裤子，发掘了自己的金子（他用铆钉装订裤子，这就是帐篷的做法）。

一位名叫迈克·马克库拉（Mike Markkula）的人骑上了一匹产品马，这个产品是苹果计算机。因为对史蒂夫·乔布斯和史蒂夫·沃兹尼亚克车库中发生的一切颇感兴趣，迈克投资 91 000 美元入股了这家刚刚起步的公司，获得 1/3 股权。他帮助两位史蒂夫撰写商业计划，从美国银行为苹果公司拿到贷款。他比两位史蒂夫年纪都大，经验也更丰富，但他选择成为一个合作者，不是一个竞争者。

概念马是另一种胜算大的马。乔治·德·梅斯特拉尔（George De Maestral）在瑞士日内瓦城外的树林中散步，回来时夹克上粘了苍耳果子。在显微镜下，他发现苍耳果布满了小钩子，它们钩住了夹克面料上的纤维线圈。他预见到了这一发现的商业潜力（第 16 章谈及如何找到新概念）。在好奇心牵引下，乔治发明了维可牢（Velcro）尼龙搭扣，同样是用小钩子和线圈粘牢。

如何识别一个优秀的概念？以下方法供参考。

- **它是否足够大胆？** 任何成功的业务，都必定源自某人曾做出过的大胆决定。
- **它是否显而易见？** 如果对你的团队而言，它显而易见，那么它对整个市场也将是显而易见的，这表明它会更快地被认识和接受。花旗银行的约翰·里德（John Reed）把ATM机带到纽约时，ATM已不是什么新概念了。

- **它是否可能打破现有格局？** 好概念往往拥有极具竞争力的切入角度。安妮塔·罗迪克（Anita Roddick）的美体小铺（Body Shops）震撼了整个化妆品行业。

他人马获胜率最高。他人马可以是老板或者同事。大多数人视共同工作的同事为竞争对手，而不是潜在合作者，这甚为遗憾。如果能把周围的人视为可能骑上的好马，一个人必将有更多收获。

他人马可以是自己的朋友。比尔·盖茨和鲍·艾伦在西雅图一所预备学校的科学实验室中，成为密友。

他人马可以是自己的导师。兰德尔·杰·摩尔（Randall Jay Moore）从一个马戏团驯兽师那里了解了大象，在导师死后，他继承了3只成年非洲大象。现在，摩尔先生在博茨瓦纳的50万英亩⊖土地上，经营着全球独一无二的大象旅行公司。

他人马可以是合伙人。合伙人之间互相探讨，取长补短，会使概念得以改进和完善。典型案例是许多乐队组合。

他人马也可以是父母或亲戚。美国有1500万家公司，几乎90%是家族企业或家族主导的企业。这些公司有夫妻店式的小企业，也有行业巨头（比如百威啤酒、玛氏公司和万豪酒店）。

⊖ 1英亩=4046.86平方米。——译者注

太多人忽略了家庭这匹好马，他们会说："我自己就能成功。"每个人都需要找到和骑上一匹马，既然自己与生俱来骑在好马上，为什么非要跳下来呢？

最后，聊聊关于"职业规划"的想法。

全美最大的神话之一就是职业规划。年轻人总幻想会有一群导师和经理，细心地引导他们沿着梯子往上爬。在步步高升的过程中，他们会得到培育、训练、关爱和提升。

必须忘掉这一切。没人知道未来。预测未来而规划，很可能只是一场空。

- 当个人计算机取代文字处理器并把王安公司推向濒临破产时，王安公司里的职业规划由此终结。
- 当菲利普·莫里斯并购通用食品公司时，通用食品公司员工的职业规划显得没有意义。
- 当世界通信公司崛起时，美国世通国际公司里的职业规划到此为止。

你应该时刻准备，押注在一匹好马上，找到它、骑上它，并牢牢抓住它。骑上一匹好马，比规划重要得多。

小　结

只靠自己，成功寥寥。

放眼四周，机会多多。

第 22 章

批评家
坚持简单不容易

> 批评他人，
>
> 比自己做对容易得多。
>
> ——本杰明·迪斯雷利

如前所言，人类欣赏复杂，即便对其不能理解也不影响。同时缘于"简单西蒙因素"，某人尝试做到简单时，就会冒着被人嘲笑的风险——尤其是那些欣赏复杂的大众。他们要么是贩卖复杂的钻营者，要么是被复杂所困而逃避做决定的人。

批评家会用尽各种方式来评头论足，坚持简单者要站稳脚跟，做好辩护的准备。下面是常见的批评与应对。

1. 被称为"头脑简单"。

人们会说你头脑过于简单，需要来一个显得更聪明的答案。

简单的东西为何会有效？你应该直视他们的眼睛，援用英国散文家托马斯·赫兹里特（Thomas Hazlitt）的话回应："秉性简单是思想深邃的自然结果。"

2. 被指责"缺乏理解力"。

人们会说问题是如此复杂，显然也需要一个复杂些的答案，一定是你没有理解其中的精妙。你可以引用温斯顿·丘吉尔的话回应："极度简单脱胎于极度复杂。"

3. 被告知"这些谁都知道"。

人们会说你的答案过于明显，众所周知。他们需要有另一个答案，之前没有人曾想到过。你可以引述荷兰皇家石油公司（Royal Dutch Oil）主席亨利·德特丁（Henri Deterding）的话回应："任何一份商业计划书，如果我深入思考后不能将其简化，就将它扔到一边。"

4. 被指斥为"懒惰"。

人们会批评你没有提出更多的思路和支持材料。他们假设复杂的答案比简单的方法要花更多的精力。你可以借用著名物理学家爱德华·泰勒的建议回应："人活于世，无论当下或将来，追求简单都是最有价值的事业。"

必须要有勇气追求简单，因为你与世界领先的思想者站在一边。爱因斯坦就是最杰出的思想者之一，他这样说："财富、表象的成功、名气和奢华，都不值一提，简单生活对身心最为重要。"

小　结

回击批评家的最佳方式，是证明自己正确。

第五部分 05 总结

请别误会。并非所有人都沉迷于"复杂",那些践行简单的人卓有成效。谢谢!

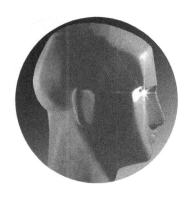

第 23 章

大道至简
简单之力常在

第 23 章 大道至简

> 伟大至为简单，
> 简单即是伟大。
>
> ——拉尔夫·瓦尔多·爱默生

本书伊始，更多地谈及复杂之弊，讨论其对正确行事的影响。到了篇末，我们希望用另一种论调来结束。我们想着重新谈谈，有众多商业故事的成功，都基于简单原则的作用。有些公司案例已经讨论过，像宝洁公司，有些则尚未提及。

下面这些成功的公司来自不同的行业，它们正在运用着简单的力量。

棒！约翰比萨。前面提到它在比萨行业取得了成功。棒！约翰已连续两年被权威杂志《餐馆与协会》(*Restaurant & Institutions*) 评为"全美最佳比萨连锁"。

当我们跟创始人约翰·施耐德聊到棒！约翰的成功时，他如此说：

> 我们的成功没有秘诀，我们只有更好的馅料、更好的比萨和认真地工作。我们与众不同的地方在于，让一切保持简单。这并非说我们不会做那些复杂的比萨，如西西里比萨、深盘比萨和夹心比萨。只是 13 年前，我们就决定了要制作更好吃的传统比萨。现在我们的传统比萨是世界上最棒的。为了在

传统比萨上保证最好的制作水准,我们必须放弃一些其他产品。除此之外,我们在方方面面都保持着简单。所有连锁店使用同样的搅拌器、同样的净水系统、同样的烤炉,甚至同样的计算机。一切都为了保证我们出品稳定,避免出错。

在短短13年里,棒!约翰的简单方法带来了每年9亿美元左右的销售。

这是简单的力量。

福乐鸡(Chick-fil-A)。这家炸鸡餐馆也用一个简单的概念,在快餐业中取得了巨大的成功。福乐鸡在广告中说:"我们没有发明鸡肉,我们有原创鸡肉三明治。"

福乐鸡的优质鸡肉三明治,采用35年前首创去骨的制作方法,品质多年如一。它很少推出新品,也从来没有限时特价。

但就鸡肉三明治来说,无论消费数量或消费额,福乐鸡是麦当劳、汉堡王和温迪这类餐厅的6倍,年营收达到7.5亿美元。[⊖]

这是简单的力量。

美国西南航空公司。赫伯·凯勒赫创建了美国盈利最好也最成功的航空公司,这家公司信奉简单至上原则。首先,

⊖ 国内习惯把圆形鸡肉三明治称为"鸡肉汉堡"。——译者注

西南航空公司只有一种机型——波音737，这极度简化了飞行驾驶和机器维护的工作。

西南航空公司不指定座位，只使用重复的塑料登机牌，乘客先到先坐，不需要找座位，也不需要提前半小时登机。更棒的是，西南航空公司绝对不会出现超额预订，坐满即飞，大大节约了乘客等待时间，飞机也保证准时抵达。

西南航空公司没有糟糕的食物——实际上，机上根本不提供食物。乘客在西南航空公司机票上省下来的钱，足以在下飞机后好好吃一顿。这样还有一个好处，即航班不需要在登机口等待装载食物了。

西南航空公司的航线都是直飞目的地，不设中转站。飞机在两点间进行最短距离的飞行，这样最快，也节约燃料，所以机票更便宜。

公司还避开了奥黑尔、达拉斯-沃思堡这些大机场，它们都要花一个小时才能找得到登机口。西南航空公司的信条是上下飞机都便捷。

> 当被问到公司对于简单的追求时，赫伯讲述了这个故事：
>
> 1971年西南航空公司刚刚创办，我们用收银机卖机票，这种兼作登机牌的机票，形状和手感都很像公共汽车票。乘客给我们写信抱怨说：①不小

心会把票扔到垃圾桶里，因为它不够醒目；②宠物容易把票吃了；③把票落在牛仔裤兜里洗烂了。为解决问题，有人提议安装一套耗资百万美元的计算机售票系统。在讨论中，有位副总裁提议，只要调整一下收银机就行了，在每张票顶端都打印一行字"这是一张机票"。于是我们采取了这个提议，问题就解决了。

这是简单的力量。

奔迈掌上电脑（Palm Pilot Organizer）。这个产品不但销量好，还有许多狂热粉丝。据《商业周刊》[24]的报道，克林顿总统1998年在加州的圣塔拉拉召开高科技顾问会议时，22个与会者中有15个人使用奔迈掌上电脑安排日程。

令人惊讶的是，众多品牌推出了大量的同类产品，包括索尼公司的Magic Link和苹果公司的牛顿，但只有奔迈公司获得了成功。市场调研公司Mobile Insights总裁格里J.珀迪（J. Gerry Purdy）说："奔迈公司是失败墓地上空升起的闪耀之星。"

奔迈公司的成功秘诀是什么？奔迈掌上电脑只有很少几个功能，所以它定位为电脑伴侣，而不是电脑替代品。按下按钮，奔迈就会和电脑交换、更新电话号码或日程安排。3Com公司下属奔迈公司总经理唐娜·杜宾斯基（Donna Dubinsky）说："我们的秘诀是简单。"简单让奔迈掌上电脑赢得了忠实用户。

强大者如微软公司也没能在这个市场上立足。实际上，这可能是微软公司仅有的作为彻底失败者而退出的市场。尽管资金雄厚，营销强大，但微软公司的 Windows CE 掌上电脑有一项致命缺陷：功能复杂，即使是运行一些主要功能也步骤烦琐。正是因为这一点，大多数专家认为，奔迈未来数年将继续主宰这一小型设备市场。

这是简单的力量。

科尔士（Kohl's）百货公司。《财富》杂志称科尔士百货公司为"前所未闻的最佳零售商"。公司的年销售额达 30 亿美元，股价强劲到令西尔斯百货和沃尔玛也垂涎不已。

《财富》杂志这样描述科尔士百货公司："这家公司的定位独一无二，它迎合了美国中产阶级这一广大群体，价格不高也不低，犹若公司一贯风格，简单而睿智。"[25]

科尔士百货公司成功的秘诀是，让购物过程少些麻烦。科尔士百货公司高级副总裁 Jim Tinglestad 在办公桌上立了个标牌，上面写着"杜绝意外"。

科尔士百货公司的哲学可以简单总结为：没有铃声，没有哨声——把肉类和马铃薯突出到极致。首席营运官约翰·赫尔马（John Herma）说："我们做 20 件简单的事情，单独看不稀奇，合起来却效果惊人。关键就是保持简单，持之以恒地执行。"

这是简单的力量。

葡萄酒集团（Wine Group）。这是另一家很少有人知道的公司。不过它在葡萄酒行业中拥有的品牌却很知名，例如，风时亚（Franzia）——全美销量第一品牌，科柏谷（Corbett Canyon）——全美成长最快的品牌，以及 Mogen David——最受犹太人喜爱的超级大品牌。

进入葡萄酒集团位于旧金山的简陋办公室，你会对该集团的简单行事风格感到惊讶。

当被问到如何看待简单时，集团 CEO 激情洋溢地说：

> 组织能做到简单不是天然的，它需要公司自上而下都接受并融入这种组织文化，简单才会生效。如果 CEO 是喜欢保持生活简单状态的人，会有助于这个组织也保持简单。就我自己而言，我痛恨像法律文书一样的长篇文件，对于超过一页的备忘录也很少去读。幸运的是，我们的业务也足够简单，大家仍在用 8000 年前的方式酿酒。
>
> 我们确实有先进的计算机控制设备，但根本的事情不变——更高效地酿造更好的酒。所以我会对超过一页的备忘录抱有怀疑，如果一个观点无法在一页纸上表达完整，那么这个观点或作者可能是有问题的。现在我不会把长篇备忘录扔回去了，但我

还是希望公司里的人聪明并简单地思考。

公司成立将近25年了,简单依然是我们公司文化的基石。我们是业界最大的公司之一,销量超过2400万箱。我们能取得今天的成就,简单的力量起到了关键作用,这种作用在如今越发重要。"

这是简单的力量。

Find/SVP。安迪·加尔万(Andy Garvin)在巴黎为《新闻周刊》工作时,找到了自己的简单概念。安迪接到撰写比克公司创办人马塞尔·比克(Marcel Bich)传记的任务,他要马上写提纲。因为手头没有比克的个人资料,他做了杂志社所有巴黎员工都会做的事——打电话找 SVP。

SVP(法语中"请"的意思)是法国商业事务热线,它的创建基于一个简单概念:商业中碰到任何问题,有人代你寻找答案。

安迪的祖父与父亲都是成功企业家,家传的直觉让他眼前一亮:可以把这个法国已有的概念,借用到美国(就像第16章中所言)。

安迪深入研究了 SVP 的运营细节,最后带着实例、数据、方法和经营许可回到了纽约。

他认为:"这个概念很可行,因为大多数公司所需要的信息都业已存在。"(例如去年新西兰绵羊出口量多少?

COBRA在日常用语中代表什么意思？哪些公司生产数码产品？等等。）

安迪说："寻找信息通常令人厌烦，大家要么很着急，要么根本不知道怎么去找。我们把这个事情变简单了。"

Find/SVP公司成立初始，只有两个人和六柜子资料。现在，Find/SVP是一家市值3000万美元的公司，有100多个顾问。

这是简单的力量。

查尔斯实业有限公司（Charles Industries Ltd.）。最好的地方是回家。为削减劳动力和生产成本，曾经有很多美国公司搬迁海外，中西部生产电子元件的小公司查尔斯也不例外。但随着公司不断成长，查尔斯实业有限公司在海外运营出现了问题——质量控制不稳定，运输和存货成本居高不下，客户服务水准却下降。

什么是简单的解决之道？离本土近一点。

查尔斯实业有限公司关闭了在菲律宾的一家工厂，扩建了伊利诺伊州马歇尔市的一家工厂。公司还关闭了在海地的另一家工厂，把其业务转移到印第安纳州的贾森维尔（Jasonville）。随后，公司把一家兼并公司的生产线从墨西哥诺加莱斯搬到了印第安纳州和伊利诺伊州（小地方建厂的成本是每平方英尺○15美元，大城市高达90美元）。

确实，劳动力成本有所升高。但生产率提升了，次品率

○　1平方英尺＝0.093平方米。——译者注

下降了。查尔斯实业有限公司通过回归本土将问题简化，公司年收入增加到 1 亿美元。

这是简单的力量。

斯坦尼斯劳斯（Stanislaus）食品公司。这家公司挂着一个波兰名字，却是一家美国公司，业务是"正宗意大利"番茄产品。斯坦尼斯劳斯食品公司为全美众多小型意大利餐馆提供番茄和番茄酱，主导了这个市场。公司 CEO 就是之前提到过的迪诺·卡托帕斯，他对公司成功的解读归结为简单——"年复一年，我只是要做味道最好的番茄酱"。

如果有人提到如何降低成本，比如用人工沙司（掺水）取代新鲜沙司，迪诺会说为什么会有这种毫无意义的想法。当客户因价格高而犹豫不决时，他会结束谈话并祝你好运。如果有人在他休假打野鸭的季节去拜访他，那将不得不等他回来后再去一趟。

因为让业务保持简单，迪诺只专心做好一件事，并且能做得非常棒。他简化工作与生活，为家庭、朋友和休闲留下空间。他想到做什么，就会去做什么。

各位，这就是简单的力量。

小　结

保持简单，好事自然来。

注 释

1. Zachary Schiller, "Make It Simple," *Business Week*, September 9, 1996, pp. 96–104.
2. Henry Mintzberg, "Musings on Management," *Harvard Business Review*, July–August 1996, p. 61.
3. Andrew Ferguson, "Now They Want Your Kids," *Time*, September 2, 1997, p. 64.
4. "Jargon Watch," *Fortune*, February 3, 1997, p. 120.
5. Noel Tichy and Ram Charan, "Speed, Simplicity, Self-Confidence: An Interview with Jack Welch," *Harvard Business Review*, September–October 1989, p. 114.
6. Robert Lenzer and Stephen S. Johnson, *Forbes*, "Seeing Things as They Really Are," March 10, 1997, p. 125.
7. Alan Farnham, "In Search of Suckers," *Fortune*, October 14, 1996, p. 119.
8. John Micklethwait and Adrian Wooldridge, *The Witch Doctors* (New York: Times Books, 1996).
9. Farnham, "In Search of Suckers."
10. Jeffrey F. Rayport and John J. Sviokla, "Competing in Two Worlds," *McKinsey Quarterly Magazine*.
11. Peter Drucker, *The Effective Executive*, pp. 134–135.
12. Robert J. Dolan and Hermann Simon, *Power Pricing: How Managing Price Transforms the Bottom Line* (New York: Free Press, 1997).
13. Pamela Goett, "Mission Impossible," *Journal of Business Strategy*, January–February 1997, p. 2.
14. Jeffrey Abrahams, *The Mission Statement Book* (Berkeley, Ca: Ten Speed Press, 1995).
15. Jeremy Bullmore, "Was There Life before Mission Statements?" *Marketing Magazine*, July 10, 1997, p. 5.
16. Thomas Petzinger, Jr., "The Frontlines," *The Wall Street Journal*, January 20, 1998, p. B–1.
17. Alex Osborn, *Applied Imagination* (Creative Education Foundation, 1993).
18. March 9, 1998.

19. January 6, 1998.
20. March 12, 1998.
21. February 23, 1998.
22. Alan Wolfe, "White Magic in America," *The New Republic*, February 23, 1998, pp. 26–34.
23. Ron Zemke, "Embracing the Witch Doctors," *Training Magazine*, July 1997, pp. 41–45.
24. Andy Reinhardt, "Palmy Days for 3Com?" *Business Week*, March 16, 1998, pp. 104–106.
25. Anne Faircloth, "The Best Retailer You've Never Heard Of," *Fortune*, March 16, 1998, pp. 110–112.

定位经典丛书

序号	ISBN	书名	作者
1	978-7-111-57797-3	定位（经典重译版）	（美）艾·里斯、杰克·特劳特
2	978-7-111-57823-9	商战（经典重译版）	（美）艾·里斯、杰克·特劳特
3	978-7-111-32672-4	简单的力量	（美）杰克·特劳特、史蒂夫·里夫金
4	978-7-111-32734-9	什么是战略	（美）杰克·特劳特
5	978-7-111-57995-3	显而易见（经典重译版）	（美）杰克·特劳特
6	978-7-111-57825-3	重新定位（经典重译版）	（美）杰克·特劳特、史蒂夫·里夫金
7	978-7-111-34814-6	与众不同（珍藏版）	（美）杰克·特劳特、史蒂夫·里夫金
8	978-7-111-57824-6	特劳特营销十要	（美）杰克·特劳特
9	978-7-111-35368-3	大品牌大问题	（美）杰克·特劳特
10	978-7-111-35558-8	人生定位	（美）艾·里斯、杰克·特劳特
11	978-7-111-57822-2	营销革命（经典重译版）	（美）艾·里斯、杰克·特劳特
12	978-7-111-35676-9	2小时品牌素养（第3版）	邓德隆
13	978-7-111-66563-2	视觉锤（珍藏版）	（美）劳拉·里斯
14	978-7-111-43424-5	品牌22律	（美）艾·里斯、劳拉·里斯
15	978-7-111-43434-4	董事会里的战争	（美）艾·里斯、劳拉·里斯
16	978-7-111-43474-0	22条商规	（美）艾·里斯、杰克·特劳特
17	978-7-111-44657-6	聚焦	（美）艾·里斯
18	978-7-111-44364-3	品牌的起源	（美）艾·里斯、劳拉·里斯
19	978-7-111-44189-2	互联网商规11条	（美）艾·里斯、劳拉·里斯
20	978-7-111-43706-2	广告的没落 公关的崛起	（美）艾·里斯、劳拉·里斯
21	978-7-111-56830-8	品类战略（十周年实践版）	张云、王刚
22	978-7-111-62451-6	21世纪的定位：定位之父重新定义"定位"	（美）艾·里斯、劳拉·里斯 张云
23	978-7-111-71769-0	品类创新：成为第一的终极战略	张云